通常

的に処分したいと思うであろう100のモノ

はじめに

出会いは大切にしたい。もう二度と会えないかもしれないんだから。

だから、出会った時には迷うことなくレジに運ぶ。私はそんなものになりたい。

そうは言っても、人間だもの。迷うことはある。それが予想以上に値が張ってる場合。

〝こんな値で、これを一体、誰が買うんだ〟

こんな、これを。約《つづ》めて、こんこれ。

しかし、こんこれと決め付けているのも私である。そこは自分探しならぬ、自分なくし。こんこれとの出会いがどんなに素晴らしいことなのか、よーく考えてみる。いや、それはもはや、自分洗脳。〝私が買わずして一体、誰が買うというのだ〟に、改める。

さらに進むと、〝私が買うべきだ〟となり、〝買わなかったら必ず後悔する〟と追い込む。もう、そこには「私」はない。恥ずべきことは、こんこれを何かと比較してしまった私。

この世には必要なものと不必要とされるものが存在するという。言葉を代えると、「いる」、「いらない」。その比較によって、こんこれが生まれてくる。「こんなもの買って、どうするつもり?」と、冷静な人の囁きが聞こえてくる。

しかし、友よ。冷静ばかりが人生ではない。恋と同じく浮かれた気持ちも大切なのだ。特に旅先ともなれば、浮かれポンチを相手に商売をなさっている土産《みやげ》物屋もある。経済はそれで回っていると言ったら、過言ではあるが、決して間違いじゃない。

「いる」、「いらない」は人によってそれぞれなのだ。

私にとって「いるもの」は、とても違和感を覚えるもの。〝みんな違って、みんな変〟が理想なのである。

もらった者が困惑するもの、すなわち土産物界のアウトロー「いやげ物」を、集め、捨てない修行（またはプレイ）を長年やってきた。

本書では、そんな「いやげ物」の中のエッチ系商品や〝お世話になった〟本やビデオなど「いやら収集品」と呼んでいるものを紹介する。

少しでも皆さんに、出会いの素晴らしさが分かっていただければ幸いである。

そんな私を世間はバカと呼ぶのかな？

みうらじゅん

001
タマタマがとんでもなくデカい タヌキの置物

さて、こーいったモノを何と呼ぶか。大きなくくりは「土産物」だが、そもそも土産物の第一条件は〝買って嬉しい〟〝もらって嬉しい〟であろう。

しかし、この向かい合ったタヌキの瀬戸物は果たしてその条件をかなえているのだろうか？　何かの拍子でついつい買ってしまったとして、このタヌキ・ペアを部屋のどこに飾るのか？　いや、考えるな、感じるんだ！

昭和なら居間に水屋《みずや》簞笥《たんす》と呼ばれるガラス戸付きの棚があって、そこに年寄りたちは地方旅行で買ってきた土産物類を陳列し、孫などが家に訪れた時「その中で欲しいもんあったら持って帰ってもええぞ」と優しい口調で勧めたりしたものだ。しかし、孫にそんな渋い趣味があるわけなくて、得意気に出したものを結局、また水屋簞笥に戻すだけのこと。要するに、旅の思い出の品なんて誰も欲しがらないということである。

しかもこのタヌキはカップルだろう。メスだけ見れば何てことないプリティ顔のタヌキだが、オスの金玉がとても見栄えが悪い。しかも誇張に誇張を重ね、とんでもないデカさに膨れ上がっているではないか。

「コレ、オチンチン？」

孫もついその部分に疑問を持ち、聞いてくるだろう。

「コレはオチンチンやあらへんで。その下のタマタマやがな」

こんなことを孫に教えてるジィジィは息子の嫁に「お父さん、変なこと教えないでくださいよ！」と、お叱りを受けるに決まってる。言うなれば実に危険な土産物でもあるわけだ。

〝タヌキの金玉、八畳敷き〟というのは、その昔、金箔作りの際、金の玉をタヌキのなめし革に包んで叩いたから。それが八畳くらいにまで伸びるというから驚きだ。そんな知識は桂米朝さんの落語のマクラで聞いたのだけど。ま、何にせよタヌキにしたら大迷惑でイメージダウンであることは間違いない。当然、僕の部屋にも置き場所はない。

002

ノベルティとして人気があった!?
馬の交尾テレカ

〝チャカチャンリン……〟お囃子《はやし》が流れ、年寄りの落語家が高座に登場。

どうも、相も変わらず昔話で。若い皆さんはご存じないと思いますがな、かつては公衆電話というものが街中にいっぱいおましてね。公衆便所とは違いまっせ。通話のできる機械ですわ。受話器というものを外しましてね、上の細長い穴に十円玉を投入しますねんわ。それから先方のね、電話番号を回します。近いとこならええけれど遠距離ともなりますとね、十円玉がバンバン落ちますんやわ。通話が途中で切れますから、そこはどっさりと十円玉を手に電話ボックスに駆け込んだものでございます。

電話ボックス？　これも分かりませんよね。要するに個室ですな。初期型は立って電話を掛けてる人の顔だけがガラス窓から見えていて、しゃがむと見えなくなるもんでした。それをいいことに電話ボックスの中で小便や、果ては大便までする輩《やから》が登場しましてな。だからボックスは全面ガラスになったんですわ。その頃になるとプッシュ式の百円玉が使える機種に変わりましたな。最終的にはテレホンカード（通称・テレカ）というやつが登場しました。五〇〇円、一〇〇〇円分のテレカはね、当時遠キョリ恋愛の救いの神やったんですよ、ホンマでっせ。出始めは簡素なデザインのカードでしたけどね、それが普及していくとアイドル写真入りのテレカやとか様々なデザインのものが出回りました。

そこで今回紹介するこのテレカ、よく見てくださいよ。馬の交尾三連発！　似てるけどちょっと違いまっしゃろ。

「ねぇ、電話掛けたいんだけど、テレカ持ってない？」

「あぁ、持ってるよ」

「サンキュー……何？　このテレカ!?」

これ、今ならセクハラってことになっちゃうんですかね？　電話代、おごったのにね。ま、それを笑って済ませる大らかな時代のお話ですわ。お後がよろしいようで。

〝チャカチャンリン……〟

003

ベータがＶＨＳに負けた理由？
ＶＨＳ『白日夢　愛染恭子の本番生撮り〈淫欲のうずき〉』

美大時代、メジャー漫画誌に持ち込んだ作品が入選。その賞金でビデオデッキを買ったのだが、まだ出始めの頃で、三〇万円近くしてた。電気屋のオヤジはその時、「ベータにしますか？　それともＶＨＳですか？」と聞いてきたもんだ。

僕はどちらでもいいと思っていたので、デザインがカッコイイほうのベータを指差したら「お客さん、ちょっと待ってくださいよ」と、オヤジは店の奥に行って一本のビデオソフトを持ってきた。

「ＶＨＳを買われた方にはコレが付くんですがね」

そう言ってニヤニヤしてた。ソフトだってべらぼうに高い時代。手渡されたパッケージをシゲシゲ見ると『白日夢　愛染恭子の本番生撮り〈淫欲のうずき〉』と書かれてあって、悶絶《もんぜつ》の表情をした写真が載っていた。僕は「ほーう」とか言いながらパッケージを裏返すと、そこにはトップレスの愛染さんの写真。〝ねぇ、ＶＨＳにしなさいよォ〜♥〟と、囁いてきた（気がした）。

「コレ、ベータには？」「付きませんねぇ」

「ＶＨＳにするとー」「付いてきますよ」

その瞬間、僕の目的はコレを見たさにビデオデッキを買うこととなった。

「配送もできますけど」と、オヤジは言ったが、早くコレを見たいがために重い機械をアパートに持ち帰った。何せソフトはそれしか持ってないもので、それぱっかり見てた。いつしか「あいつの部屋はエロビデオ・ルーム」なんて噂が学内まで広まり、友達ならまだしも全く知らない奴からも「今度、見に行っていいか？」などと声を掛けられることに……。

　週末にはアパートの床が抜けるくらい人が集まり上映会。当然、テープの摩耗から画像がひどく荒れた。翌年、とうとうデッキのほうも壊れ、再生することもできなくなった。あの頃、ベータがＶＨＳに負けた大きな理由のひとつは「付きませんねぇ」だったのだ。

004 沖縄限定のコンドーム『ハブドーム』

童貞時代、コンドームを一度、試しに買った。

今のように簡単にコンビニで手に入るほど〝ヤワ〟な品じゃない。かと言って、薬屋は大層気が引けた。噂に聞いた、指で〝OKサイン〟を出せばコンドームを店員が出してくるというシステム。しかしあくまで噂話だ。「どうしましたか？」と店員に聞き返されたらどうしよう。その恐怖を考えると、やはりここは夜中にこっそり家を抜け出してシャッターの閉まった薬局前のコンドーム自販機に頼るしかない。

その自販機は大概、錆びていた。港町でもないのに何故こんなに錆びているのか？　そんなことを考えてる暇はない。家から近い薬屋では知り合いに会う確率が高い。わざわざ遠出までしているのだから、早く買ってポケットに突っ込んで帰りたい。あらかじめ小銭は用意してきたが、投入すると静まり返った町に〝チャリンチャリン〟という音。そして自販機のボタンを押すと〝ドカーン〟と大きな音が響き渡った。「マシーン自体、もう少し、買う側を意識して作れないものか」などと思ったが、初めて入手できた喜びに体が震えてたのも事実。

帰りは小走り。早く家に帰り、自室でこっそり装着したくてたまらない。当然、それは今後のことを考えての練習である。

箱を開けると蛇腹に折りたたまれた何個かのコンドーム。封を切るとゼリーが塗ってあるのか触ると指がベチャベチャした。説明書きを読みながら装着……うーん、うまくいかん。いや、そもそもどっちが表だ⁉ その時、既にアソコはギンギン。早くかぶせろ、と要求してくる……そんな青春コンドーム話も今は昔。

何年か前、沖縄に行った時見つけた沖縄限定『ハブドーム』。パッケージのおもしろさだけで買ったが、装着する機会もない。

「わしのん、ハブみたいやろ」

そんなことを堂々と言えるオヤジにはなりたくない。未開封品である。

005

ミョ〜にセクシーな
二股大根の抱き枕＆箸置き

テレビのニュース番組。冬場になるとよく、大根畑からの中継が入る。リポーターが農家の方に出荷状況を伺うという内容だが、たまに時間が余ると、「これは普段、出荷しないものなんですが」と、断った上で珍しい形体の大根を紹介することがある。

「えー!?　これは珍しい。初めて見ました!!」

こういうロケには新人アナがつきものなのか、やたらはしゃいでみせるのも常。それを手に持ち、カメラのほうに差し出すので大写しになる。

同時に僕もその瞬間、テレビに釘付けになる。

通称・二股大根。色の白さも相まって、ミョ〜にセクシーな形体。

〝この上から黒の網タイツなんか穿かせたら、さらにグッとくるだろうな〟

などと思っているのは僕だけではないだろう。

まだ、時間が余ってるらしい。リポーターは、それを手にしたまま、焦った表情を浮かべ

ている。逆に農家の方がフォローに回り、どうしてこんな珍しい形の大根が生まれるのかの説明を始める。

「へぇー、そうなんですか！」

リポーターは何度もそう言い、頷いているだけ。ここからは想像だけど、ロケが終わりディレクターから「ちゃんとコメントしなきゃダメだろ」と、新人アナは説教を喰らってると思う。

そんなセクシー二股大根。グッズも色々出てることを知り、見つけ次第ゲットしているのだが。

二股大根を模した抱き枕（写真右）は、商品名がそうだったから確実だけど、写真左の箸置きは果たしてモデルが大根なのか？　カラーじゃないとよく分からないが、上の三個は人参の色をしているし、右はワサビ？　下はかぶら？

どれも二股だから仕方なく買ったけど、それじゃこの先電気屋で二股ソケットを見つけても買わなきゃいけない？

006

〃ゆにぃ〜く〃も悪くないけど……『おっぱいタオル&フリスビー』

東京で一人暮らしをする若者に、実家からこんなものが送られてきた。関西で言うところの〃ゆにぃ〜く〃なものである。

正しい表記は【ｕｎｉｑｕｅ】ユニーク。唯一のとか、特有のとか、珍しい、変わったなどの意味を持つ言葉であるが、それを敢えて〃ゆにぃ〜く〃と平仮名っぽく言う場合、自称・おもしろ好きのチョイスということになる。そんなものを見つけてきては「コレ、めっちゃゆにぃ〜くやろ」と押し付けてくるわけだ。子供の自立を早めるのに、この〃ゆにぃ〜く〃が一端を担っていることを親たちは知らない。

オシャレな都会生活に憧れる若者は、上京した折、白を基調とした部屋に住み、できる限りものは増やさないように努めるのがフツーであるが、そこに送られてくる一つの段ボール箱。開けてみると中はふる里の特産品と相場は決まってる。

果物や干し芋の類であればお裾分けすることもできるが、一緒に詰めてあった〃ゆにぃ〜

く〟品ばかりはどうしようもない。
それにしても『おっぱいタオル』と『おっぱいフリスビー』って、一体何だ？　都会暮らしで変わっていく息子にお母さんのおっぱいで育ったことを思い出しやと諭しているのか？　風呂付きアパートならまだしも、これを銭湯に持ち込む勇気はない。

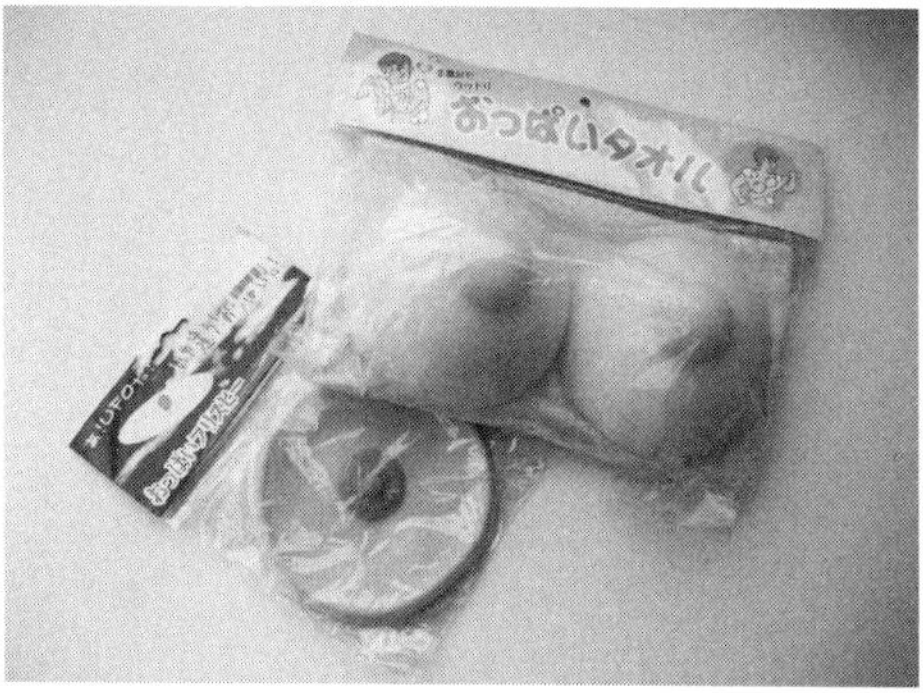

ご丁寧に〝あ！　ＵＦＯだ！　いや違う！　おっぱいだ！〟とパッケージに書かれてる『おっぱいフリスビー』に至っては〝ゆにぃ〜く〟の域を超え、意味すらサッパリ分からない。果たしてこんなものが飛ぶのか？　いや第一、誰とプレイしろっていうんだ？　とんでもない方向に飛んでって、もしや知らない人に拾われたら一体、どんな顔をして取りに行けばいいというのだ。

男は思春期を迎えた頃から母親以外のおっぱいを求め、初めて人生という長い旅に出る。ゆにぃ〜くも悪くないけど、そこは少しそっとしておいてほしい。

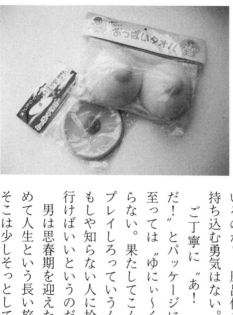

007
主役であるキーを食ってしまう困ったキーホルダー

キーホルダーというものの主役は、もちろんキーである。

キー単体では心もとないので「どうです？　この輪っかにブラ下げてみては」と考案された、言うなればアイデアグッズの類い。

でも、それだけでは牢屋の鍵と同じだ。輪だけではなく、付属する何かが欲しい。

日本には〝根付〟という文化が古くからある。煙草入れや印籠、巾着や小型の革製鞄、矢立などを紐で帯から吊るし、持ち歩く時に用いた留め具だ。今で言うストラップに似ているが、根付も脇役。あくまで主役を引き立てる道具とみていいだろう。

しかし、今回紹介するこれらのキーホルダーは、どれも主役であるキーを食ってしまっている。いや、じっくり見ればその意味が分かってもらえると思うが、キーをブラ下げることをはなっから拒絶していると言っても過言ではないだろう。

しかも、そのほとんどが可動式だ。ヒクヒクと腰を動かすものや、蛇腹状の男根がクネクネ動いたりするものなど、基本は困ったキーホルダー。

決して集める気などないのだが、旅先の土産物屋で見つけるとつい手が出る。

大概は店の奥、古びた籠の中にごちゃまんと入ってるのだが、いつ仕入れた品なのか、物色していると手がやたら汚れる。それに錆びた金属のニオイが指先についていて、せっかくの旅なのにとても不快な思いをする。

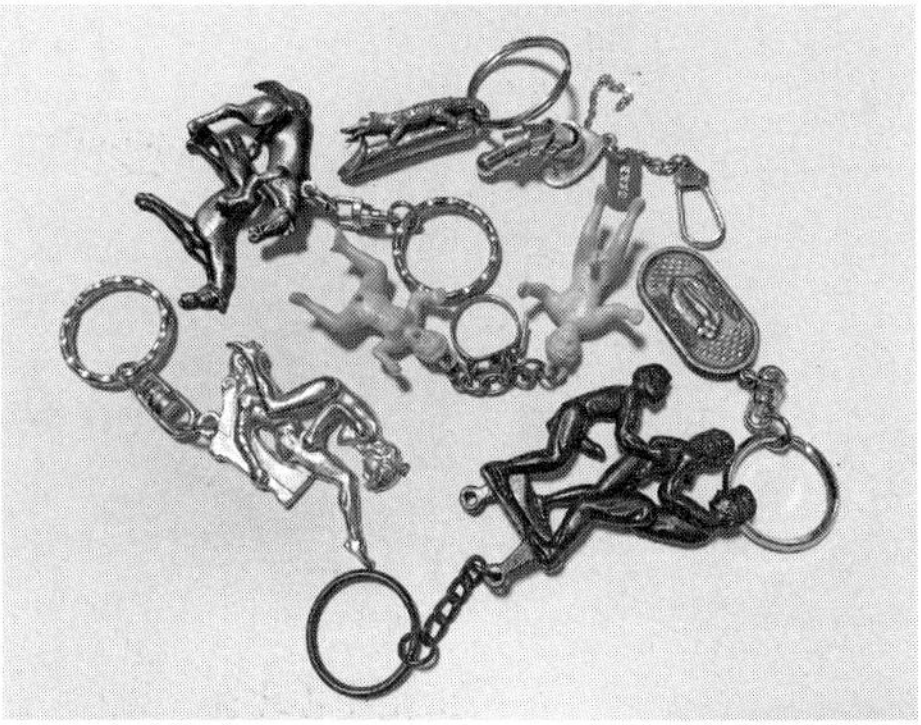

だけど、止められないのは〝こんなキーホルダーに一体誰がキーをブラ下げるというのか？〟、その一点に心を奪われているからだ。
当然、僕もブラ下げる気などないが、買う前《ぜん》（買う前提）で土産物屋に訪れるのがモットー。取り分け困ったキーホルダーを捜し出し、レジに運ぶ。
そして、仕事場に持ち帰り、放置。今回、撮影のため久しぶりに精鋭たちを集結させてみた。

008 せっせと集めた数千枚エロ・チラシ

まだ街の至るところに電話ボックスがあった時代。

八〇年代半ばあたりから、それがエロ・チラシの展示場と化すことになる。電話ボックスの中にもチラシが透き間なく貼られていて、これはもう、現代アートと呼んでもいいんじゃないかと思ったものである。

チラシは微妙に大小があったが、大概のものは名刺サイズ。サイフに入れやすいよう、エロ・チラシ業界も考えたのだろう。ポストに投函されている冷蔵庫にくっ付けるマグネット（通称「冷マ」）より、たぶん少し先輩である。

その当時、日本はフーゾク大国だった。

男たちはそのエロ・チラシに刷られた写真と情報に「嘘でしょ？」と疑いつつも、「いやや、本当ならどうする!?」と夢とアソコを膨らませたのである。

やたら解像度がいいエロ・チラシの顔写真は、当時人気のあったグラドルやAV（アダルトビデオ）女優。たぶん男性誌に載っていたものをちゃっかり拝借してる。いや、無断使用。

「こんなコがいるはずないでしょ」

散々騙されても酒に酔った男の脳内天国はとことんバカになっていて、

「本人が出てくるかもよ」

「マジか……」

などと、バカどもが盛り上がり、ついつい電話を掛けてしまう。

だから、僕は十年間近く、そんな連中のクリーン活動を務めたことになる。せっせと電話ボックスからエロ・チラシを剝がして保管していたからだ。
それが膨大な枚数になった時、これは将来の民俗学の資料になるかもしれないとまで思った。どうだろう？　未来の柳田国男を目指している方は、このコレクションが欲しくてたまらないのでは？

009

エロ本自販機のミニチュア
『レトロ自販機（ブックベンダー）1／12』

まだ、男が夜な夜なエロ本に頼ってた時代。缶コーヒーや缶ジュースの自販機に似た大きさの、通称エロ本自販機が街に置かれたのだった。

「おい、今晩、買いに行かへんけ？」、そんな、流行にはやたら敏感だった友達からの誘い。断る理由はないが、夜はちょっと困る。家を抜け出す口実を考えるのが面倒だからだ。

「今から行ったらあかんの？」僕がそう返すと、奴は「学生服のままでそんなとこ行けるけ？」と、呆れたような顔で言った。それは確かにおっしゃる通りだが、「だったら、でっかい紙袋買《こ》うて学ラン入れといたらええやんけ」と提案したら、「アホか、お前、夜やないと意味あらへんのや！」とのこと。

「意味がないってどういう意味やねん？」

まるで禅問答。その意味とは……。

「自販機の中のエロ本は普段、銀色のシートで隠されて、マジックミラーみたいになっとんねん」「昼では見えへんの？」「そう、昼間は全く見えへん。未成年には見せへんつもりや」「おいおい、俺らも未成年やんけー」「何言うてんねん！　だからこっそり夜に行くんや。夜になると自販機の中の電気がつくさかい、マジックミラーが解除されるんや」「どんな仕組みなん、それ？」「もう、仕組みなんてどーでもええやろ」

僕はその夜、親に「ジュース買ってくる」とか言って家を出た。もちろん、疑われていただろうが。

虫のように僕らは路地裏で煌々《こうこう》と光る自販機に集まった。縦に二列、一〇冊ほどのエロ本が並んでいるのが見えたが、当然、本の中身は分からない。その選択にやたら迷っていると、友達に「早《は》よせーや！　誰かに見つかるやろ」と、急《せ》かされた。帰り道、中身を点検したが、ワクワクしたわりには大したものではなかった。

写真は後に発売された『レトロ自販機』のミニチュア（プラモデル）。遠い思い出が蘇ってくる優れモノである。

010

世界レベルで存在していた！
ヌード写真入りトランプ

ニンテンドースイッチが出現するずっと前、旅先にボードゲームを持ち込む時代があった。ミニの将棋盤や囲碁盤もその類い。車中で友達と興じたものだ。

もっとオーソドックスなものとしてはトランプと花札。宿泊先で、飯を済ませ部屋に戻ってくると、その敷き詰められた布団の上で「ちょっとやりますか？」などと言ってはトランプを配りだす。

そこはギャンブルっぽく、マッチ棒を得点として競うのだが、夢中になり大声を上げることもあり、「隣の部屋から苦情の電話が入りましたもので」と、フロントからお叱りの電話が掛かってくる。

だったら初めっから歓楽街にくり出しときゃよかったのだが、そこまでの金はない。こっそり持ち込んだ酒も底をつき「そろそろ寝ますか」などと言って電気を消すが、すぐに寝られるわけがない。

そこからは雑魚寝《ざこね》スタイルのエロトーク。

「あん時よー」

「どうしたどうした？」

「マジかよー！」

二度目のフロントからの苦情電話。こんなことがないように、または苦情を一度切りにするために、ヌード・トランプは考え出されたのではないか？

しかも、写真を見ていただけたら分かると思うのだが、それらは日本のみならず、世界レベルで存在してた。

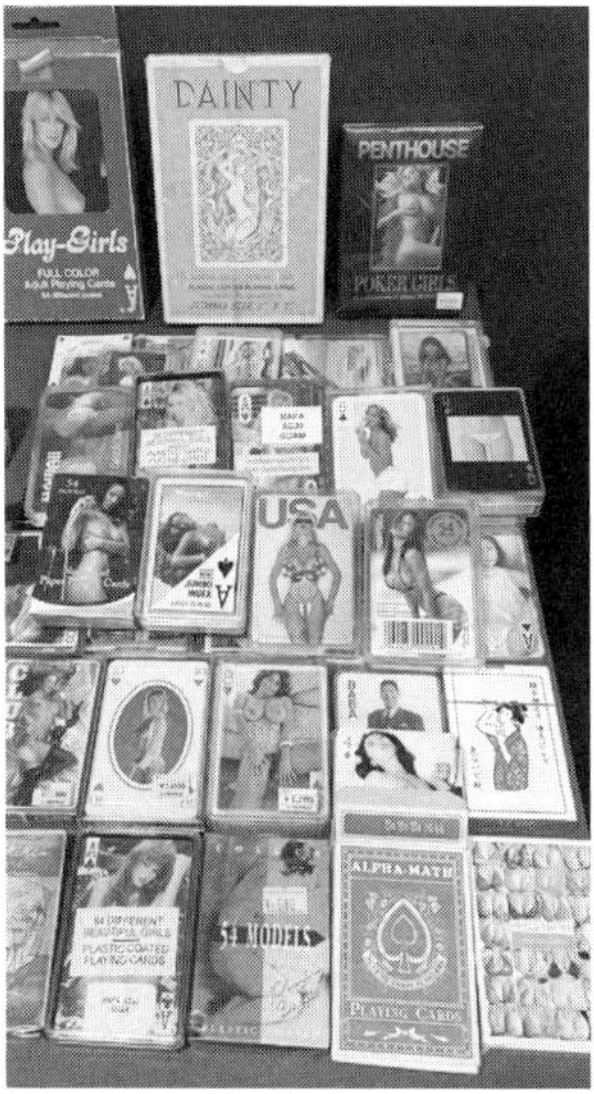

二十年程前、各地で発見するたびに購入して随分集めたものだが、今では絶滅危惧種だ。
どこの国にもしょうがない下品オヤジが大勢いた時代の産物である。

011

誕生日にもらった右腕オナニーマシーン

一見、小型のミシンのようなマシーン。その台座のところに〝「貴方の右腕になりたい」贈　浅草キッド☆水道橋博士　2005年2月1日〟と、書かれたシールが貼られている。日付は随分、昔。僕の四十七歳の誕生日だ。

確か博士がその時、「たけし軍団の新年会で当たった景品だけど、これはみうらさんにお譲りしなきゃと思い」とか言って手渡してくれた品だ。博士とはそれまでにも何度か対談してきたが、テーマは決まって「オナニー」。僕も当時はオナニー話を得意としてたし、〝オナニー漫画〟を一時期よく描いてた。

世間にエロ漫画というジャンルはあっても、部屋でオナニーしてるところを親に見つかり叱られたなんて漫画はなかったからだ。読者からの反応は全くなかったけど、僕は新ジャンルを見つけたような気がしてた。

だから博士は誕生日プレゼントとして譲ってくれたのだ。

電動式のそのマシーンはスイッチを入れるとシリコーン製の手が上下に動く。手は軽く握っている状態なのでその中に己のモノを入れると、まるで手コキしてもらってるかのような快感が得られるという商品らしい。

「でもさコレ、当然、その宴会の席でたけし軍団の誰かが一度使ったやつでしょ?」

少し不安になって聞くと博士は真顔で「新品ですよ、大丈夫」と言った。

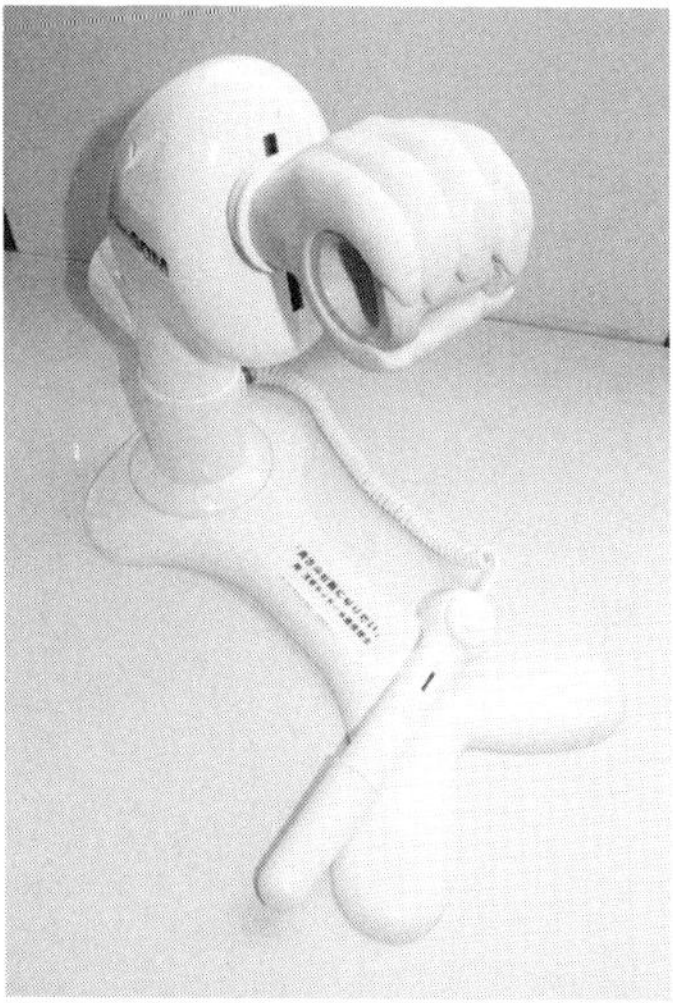

「ねえ、この白い棒みたいのは?」

「それはお尻に入れる用ですね」

ってやっぱり、怪しい。誰か使ってるでしょ、コレ!

「新品ですって」

ずっと忘れていたけど、この間の引っ越しで事務所の押し入れに入ってるのを見つけた。

博士、もう捨てていい? ダメ?

012

秘宝展の売店で購入
『セクシーオルガン』

『sexy organ』とパッケージに書かれてあるが、何のことはない男性器を模したおもちゃの楽器である。しかし、これが単なるディルド（張り形）と違うところはその名称からもお分かりであろう。

パッケージイラストにも楽しげな音符記号が宙に舞っている。僕はコレを伊豆極楽苑の敷地内、〝性のパビリオン〟という秘宝展の売店で見つけた。

つい、手に取ってしまったが〝いらないいな〟と、すぐに思った。けど〝ここでしか買えないかもな〟とも思った。

今は大人のおもちゃ屋もファッションビルみたいな装いで駅前に建っているところもある。階によって品ぞろえも違い、コスプレ、グッズ、AVコーナーなどと、まるでデパート方式。店内もやたら明るくとても入りやすくなっている。

しかし同時に、エロにとってとても重要な〝後ろメタファー〟が減少しつつあるのも事実だ。

″こんなものを買ってる自分″を後ろめたく思うその気持ちが大切なのだ。

「バカじゃないの」って言われても仕方ないが、それが男を駆り立てる要因でもあるのにな。

さて、その『セクシーオルガン』がどういうものなのか、旅先ではあったが、早速、箱から出してみた。

いや、これはセクシーオルガンではなく、チンコ型のハーモニカである。

吹くとなると、考えたくはないが、この手術した縫い目のような箇所に口を添えるわけだ。

でも、買ったんだから一度は吹いてみなきゃな、と恐る恐る口を近づけた。

″プハー、プハー″

信じられないほど音はスカスカだった。

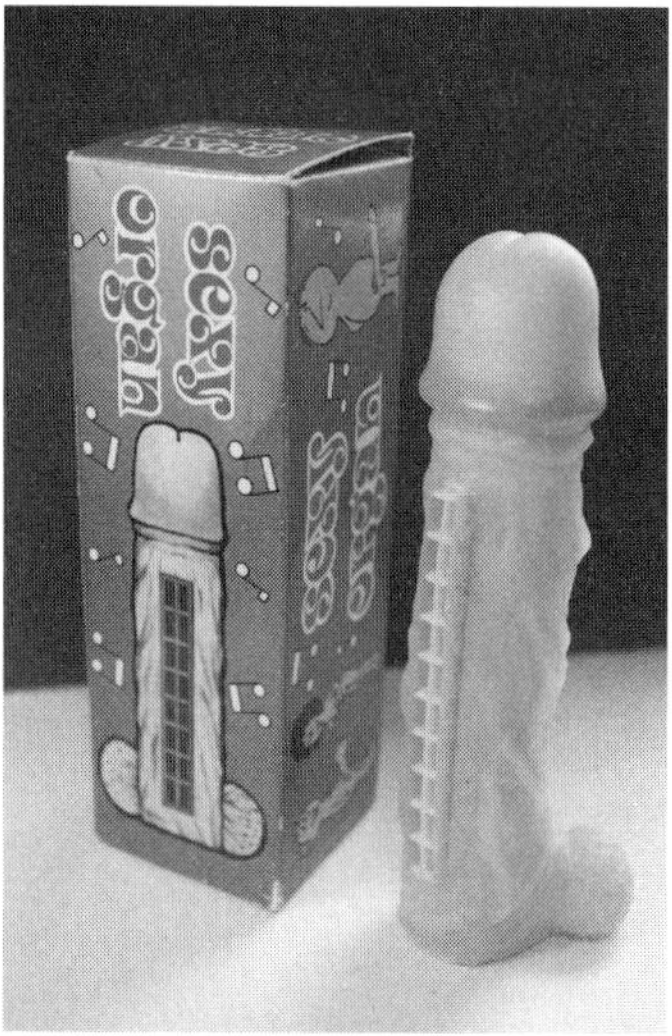

013

ゾッとする「エロかえ歌」の世界
『日本艶歌集』

『日本艶歌集』と書いて、〝にほんかえうたしゅう〟とルビが入る。

表紙は何故か外国人女性。「ドウ、ウタッテ　ミレバ？」と、誘っているのだろうか？

二冊ともポケットサイズの歌本だ。いや、エロかえ歌本。一四九曲で五〇〇円とは、実にナイス・プライス！　と、感じたのは、昭和のオヤジだけであろう。

僕がコレを入手したのは有名温泉地の土産物屋。きっと、会社の慰安旅行（この慰安ってやつがクセモノ）がお盛んだった時代には、〝イヤ〜ン旅行〟なんてオヤジギャグも連発されていたことと思う。

「社長、コレ、よくないですか？」などと、男性社員がその夜の宴会で歌うことを勧める。

「大爆笑、間違いなしですよ、社長！」

「そうかねえ……」

「お願いしますよ！」

その頃には皆、酒がかなり回っていて、社長は、「じゃ、一曲歌いますかぁー」と、宴会場の舞台に上がる。たぶん昔はカラオケもそんなに曲数が多くないので、『日本艶歌集』片手にアカペラ披露……だったと想像する。

〝見合いの席でぇー、××かときぃけぇばぁー、イエイエ仲人　×××済み～とくりゃ、ランラララララ♫〟

元歌は『アルプス一万尺』。社長、踊り出しやがった。「社長！　絶好調」、男性社員は手拍子を打って機嫌を取るが、〝こんな会社、早く転職しなければ〟と思ってる社員も随分いたことだろう。しかし社長は、受けたと勘違い。帰りのバスの中でもこの歌集をポケットから取り出して……。

あぁ、嫌だ嫌だ、日本の高度成長期。

この二冊、民俗学的見地から研究資料として、一応買ってみた。

014

これで汗を拭きつつ挑むのか？ 四十八手ハンカチ

僕は、長い人生で一体、何手くらいの体位をくり出してきたのだろう？

童貞の筆下ろしを手伝っていただいた彼女に「そこよ」「そう」なんていちいちアドバイスしてもらったが、すぐに果てちゃって何度も「私、つらいわ」のセリフを聞いた。それでも経験を積み重ねていく内に少しずつ上達した。「うまくなったわね」と褒めてもらったあの夜。当時つけてた日記に書き残すくらい嬉しかった出来事である。

当然、初めは正常位。余裕ができてからはバックも試みた。二人で旅行に出掛けた時などは浮かれ気分で立ちバックもした。そこまでできたらもう一人前だと思っていたし、それ以外の体位は、こちらから切り出すのも何だか恥ずかしくてできなかった。

その頃、大人の雑誌には「四十八手」と書かれた体位の全てが図解、または実際モデルを使っての写真で、よく載っていた。

一つ一つの体位をじっくり見て思ったのは、そもそも四十八って、相撲技の数からきてるとすると、それを夜の土俵に置き換えるには到底無理があるってこと。

本気で全ての体位を試した奴っているのかね？　それには当然パートナーの協力が必要だし、途中でどちらかが笑い出しちゃうなんてこともあるだろう。それでも喜んでいただけるならと、腰が折れそうになっても、次から次へとくり出せるものなのか？

ここに熱海の秘宝館で買った一枚のハンカチがある。四十八手のイラストが所狭しとプリントしてある代物だ。

行為中、これで汗を拭きつつ〝次は茶臼のばしだ！〟なんて参考書のように見るために作られたものだろうか？
〝いや、そんな奴はおらへんやろ〟
僕は大木こだま・ひびきさんの漫才のようにツッ込んでみる。
もちろん未使用である。

015

街で見つけるとつい撮影
ヌー銅の写真

基本、人前ではチンチンを出してはいけない。

自分のモノなのにどうして？　と、子供が疑問を持つのは至極当然だが、「それは恥ずかしいところだからだ」と、いずれ教育を受ける。

最初、その理由はオシッコが出るところだからと思い込んでいるが、小学校の学年が上がってくると、友達との会話の中で、どうやらここからオシッコ以外のモノが出ることを知らされることになる。そして、自分のモノなのに怖くなってくる。意志とは関係なくムクムク大きくなるし、それは時と場所も選ばない。だから、恥ずかしいと思った頃の性教育。なかなか愛情と欲情の違いが分からないのがフツーと言えよう。

あぁ、チンチンに振り回され、大いに悩むのが男の一生でもある。

「あ！　チンチン、出てる！」

子供が駅前や公園や市役所でスッ裸の銅像（通称・ヌー銅）を指差して叫ぶ時、まわりの大人たちはとても困る。確かにそれが出てるからだ。これが銅色じゃなく肌色であれば言い訳なんてつかない。

そんな時の大人は大概、興味もないのに、「コレは芸術だから」と言って片付ける。「ゲージュツ?」そんなことで子供が納得するはずもなく、さらにヌー銅を指差し、「あのお兄ちゃんもチンチン出してる」と連呼する。

とても面倒臭いことになってくる。

「裸になっちゃダメだぞって言っているんだよ、あのお兄ちゃんは」

そんなヌー銅にしたら立場のない見せしめ説まで飛び出す始末。

「どうなんだ?」

「銅なんだ」

つまらぬ駄ジャレを思いついた僕は今、アルバム三冊分にわたる、街で撮ったヌー銅写真を保管している。

016
日活ロマンポルノの名作選
ブルーレイ『ザッツ・ロマンポルノ　女神たちの微笑み』

高校時代、テスト期間の最終日、自分へのご褒美はポルノ映画館に出掛けることだった。褒めるのではなく、慰めるのが本来の目的。日活ロマンポルノは三本立てで、大蔵映画は四本立てだった。どうにか夕飯までには家に帰らなきゃ親に叱られる。その二館の映画館はどちらも京都・千本通の裏道にあったので、どちらに行くかかなり悩んだ。

〝やっぱ、ここは好みの女優で選ぶべきだな〟などと、ブツブツ呟《つぶや》き、

「大学生一枚」

と、かなり低いトーンでチケットを買うのは常識。通い始めた当初はビクビクして声も上擦ってたけど、もはや常連ともなると、余裕がある。非常灯のみがついた館内は暗すぎて、目が慣れてくるまでは一歩たりとも先に進めない。ポツリポツリと客の後頭部が見え始めてきたら、まわりに誰もいない席を探す。一度、ヘンなオッサンが隣の席で上映中、突然僕の股間を触ってきたことがあったからだ。

「イヤ〜〜ン！」

大画面に写し出されるいやらしい映像。さっきまで学校でテストを受けていたのが嘘のよう。まさしく現実逃避とはこのことである。

全作見終わり映画館を出ると、外はすっかり暮れていた。気の抜けたＢＧＭが流れる商店街を抜け、家に帰るのだが、そんな時に限って知り合いに会う。

「純ちゃん、何でこんなとこにおるの？」

近所のおばさんに声を掛けられ、

「いや、ちょっと……」

と、シドロモドロに返す。ああ、これが青春♫

そんな当時見たポルノ映画の名作選がブルーレイで出た。かつてはいやらしいシーンを頭に焼き付け家に持ち帰るしかなかったのに。本当、いい時代である。しかもコレ、僕の副音声付きで解説も入ってる。青春時代の経験が仕事に結び付いた一例だ。

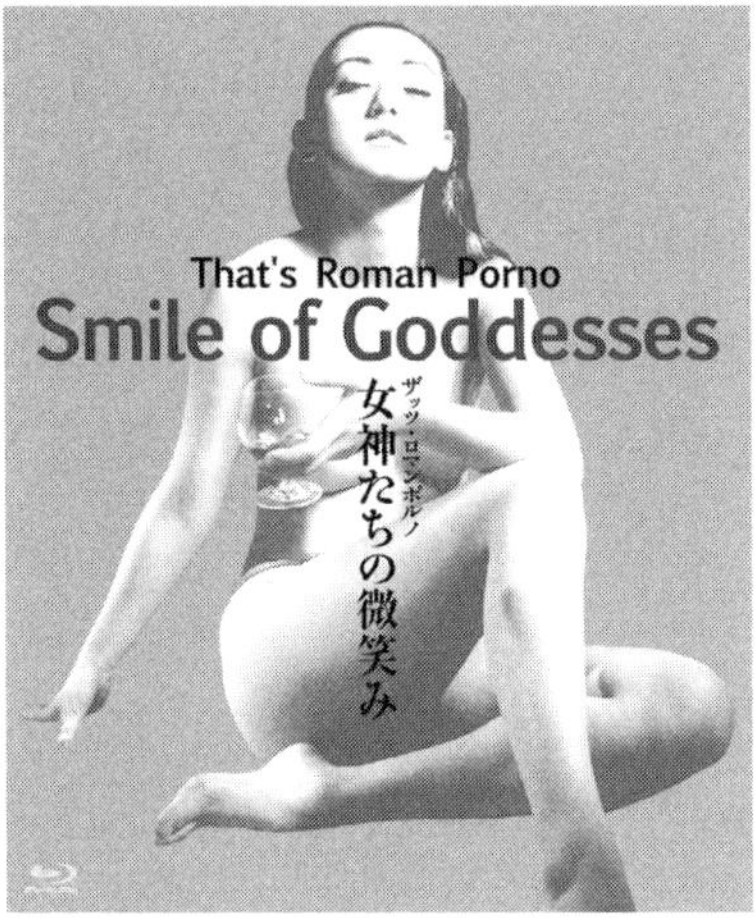

017

大事にスクラップブックに貼って保存
通販広告「大阪㊙写真」

今回紹介するものは僕が美大生時代に作ってたスクラップブックである（写真左）。一～六巻までのタイトルが『◎イキな写真』。後の二冊には『◎面白い写真』『◎お好きな写真』と、別タイトルが付けられているのがお分かりになるだろうか。

その下の〝りよう〟は、利用。いつか資料として使うため、当時気になった写真や記事をせっせと切り取り、スクラップブックに貼ってきたのである。

さて、ここでそのタイトル『◎イキな写真』『◎面白い写真』とは、どういったものなのかということについて考えていきたい。自分でタイトルを付けといて考えるもないだろうが、これは、七〇年代初頭、僕が買ったエロ本に載っていた通販広告のキャッチコピーなのである。

その元ネタとなる貴重な資料もスクラップブックに貼ってある（写真右）。

美大の専攻がグラフィックデザインだった僕は「広告概論」などという講義も受けてきた。

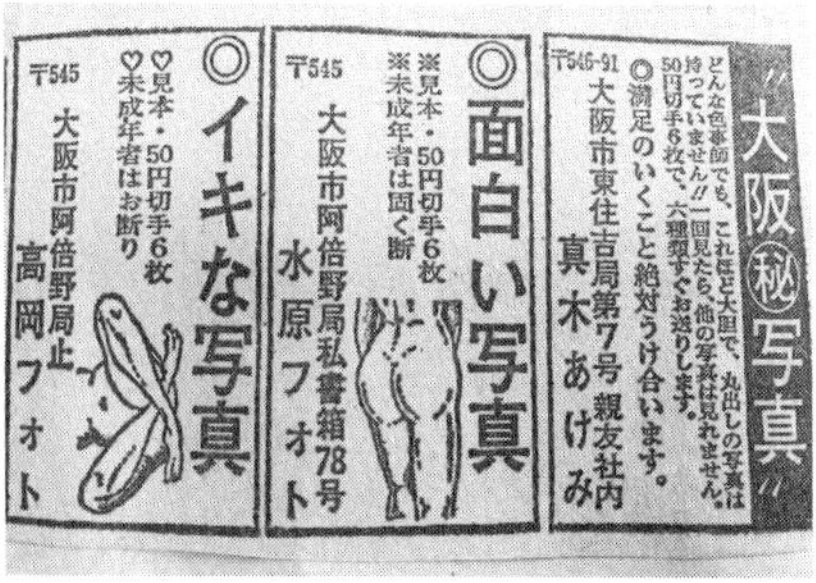

内容は、広告の歴史、意義、計画、媒体、表現といった堅苦しいものばかり。何度も教室で爆睡した思い出がある。

それよりこのエロ広告。謎が多い分、男性読者のハートを鷲掴みにしてくる。

言い切ったキャッチコピーもそうだが、全体タイトルである「大阪㊙写真」も、意味がよく分からなくて、惹きつけられる。

よくよく読むと、それらを購入した場合の申し込み先が全て大阪市内である。でも微妙に住所は違ってる。広告主らしき〝真木あけみ〟って誰？　イキな写真や面白い写真を提供してる張本人？　そんなわけはないだろう。

さらに小さな活字で「どんな色事師でも、（略）持っていません!!　一回見たら、他の写真は見れません」ってあるけど、どうよ？　その自信たるや。

本来、広告の意義とはこういうことだと思う。

018 天狗キャラの強精剤広告

天狗の鼻は何故長い？

〝天狗の鼻は何故、あんなに長いのか？〟

人はそんな疑問を抱いたことも忘れ大人になってしまう。逆に言えば、天狗の鼻のことばかり気になっているようでは大人になれないってことだ。

ただ、中にはその道のオーソリティとして研究を続ける学者のような人もいる。

「天狗」とは中国に於《お》いて、凶事を告げる流星を意味するものであった。それが日本に渡り、山岳宗教などと結び付き、山伏の姿で表されるようになる。しかし、鼻の形状に於いては未だ、謎の部分も多い。当時、山中に逃げ隠れて住んでいた外国人がモデルではないかという説もあるが、男根崇拝は否めない。僕はそのことが気になって、天狗で有名な地を探し、旅をしていたことがある。

天狗と聞いて先ず頭に浮かんだのは、大佛《おさらぎ》次郎の時代小説で、映画やテレビ化もされた『鞍馬天狗』。主人公は天狗のように鼻がビンビンではなかったが、京都・鞍馬山の土産物屋にはもちろん天狗面がたくさん売られていた。

店員に思わず「どうして鼻が長いんですかねぇ？」と聞いてみたところ「北のほうに行けば行くほど天狗の鼻は伸びるんやわ」と言われた。

何の根拠でそんな説を唱えているのか分からないが、次の旅は北のほうに行くことにした。

群馬・迦葉山《かしょうざん》の「沼田まつり」当日に行くと、巨大天狗面を乗せた神輿《みこし》が練り歩いていた。よく見ると、神輿を担いでいたのは女性ばかり。それで、かつては男根崇拝の儀式だったのかもしれないと思ったのだが。

増大秘法
●女性にきらわれる短小を増大する！
●男らしくたくましく強大になる！
●女性に対しレットー感が無くなる!!

さらに北上し、今度は北海道・小樽の天狗山の資料館に行った。全国から集められた天狗面が並んでいた。そこには巨大な鼻を撫でると子宝を授かるというコーナーも。

「やっぱりな……」

今回紹介するのは古い強精剤の広告。だいぶ黄ばんできている。

019

玄関の外に放置プレイ
股間に天狗面を当てた小便小僧像

この小便小僧は、仕事場のドア前のちょっとしたスペースにずっと置いてある。いや、放置しているといったほうが正しい。

よく見るとこの小便小僧、股間に天狗面を当てている。

その昔、ストリップ劇場では〝天狗ショー〟と呼ばれる出しものがあったと聞くが、何もそれをマネているわけではないだろう。

要するに、チンチン・オン・ザ・テングの小便小僧なのだ。

股間を少し、前に突き出し、小便が出ている様を見つめてるポーズは、通常の小便小僧であるが、気になるのはこの天狗面。

このまま放尿するとどんなことになるか？　男性ならずとも想像するに難くない。天狗面の中は当然のこと、その周辺はビシャビシャになるだろう。

何が目的でこんなことをしているのか？

想像するに、天狗面は小僧の家庭に同居するジイさんのコレクションではないか？　何かとんでもないことを仕出かして、ジイさんにこっぴどく叱られた。その腹いせにジイさんが大事にしてる天狗面を盗み出し、股間に当てて「オシッコしちゃうぞ」などと、脅してる小僧。その姿を銅像化したもの？

これは二十年ほど前、旅先の古道具屋で見つけた。

最初は店のオヤジに「三〇万円」と吹っかけられたが、交渉の結果、一万円。

旅の一日目にして重い買いものとなったが、店のオヤジは股間に天狗面があることすらその時まで知らなかった。

結局買ったはいいが、置き場に困って、ずっと外で放置プレイである。

020

コーヒー一杯一〇〇〇円
ノーパン喫茶のマッチ

気になったものは取り敢えず、とっておく癖がある。そのせいで仕事場は散らかり放題。とうとう別に倉庫まで借りなきゃならなくなった。

そりゃ中には〝とっておき〟の品があるかもしれないが、僕の集めているものは基本〝とっておく〟のもの。

今回、紹介する品もその部類かと思われる。今から四十五年ほど前、地元・京都に里帰りした際、入った喫茶店のマッチなのである。

店名は『プレイガール』。

椅子にセクシー衣装の女性が座っておられる写真がプリントされている。キャバレーやピンサロとは違う。あくまでティー・ルーム。お酒は出さない。

店は喫茶店と言い張っているが、何を隠そう店員はノーパンなのである。

それは八〇年代、突如、全国レベルでブームとなった「ノーパン喫茶」というやつで、そもそもの発祥地は京都であったという説の勝算が高い。

〝はんなり〟のイメージのある京都に〝パンがなし〟。その違和感はやはりハンパなし。

地元の友達に誘われ入ってみたが、店内は極フツーの喫茶店だった。いや、違う。床にミラーが敷き詰めてあってノーパン具合がチラチラ覗ける仕組みになっていたのである。それは一杯一〇〇〇円もするコーヒーを注文した者のみの特権で、店内を行き来するノーパンウォークに客は釘付けだった。

「どうする？　もう一杯頼むけ？」

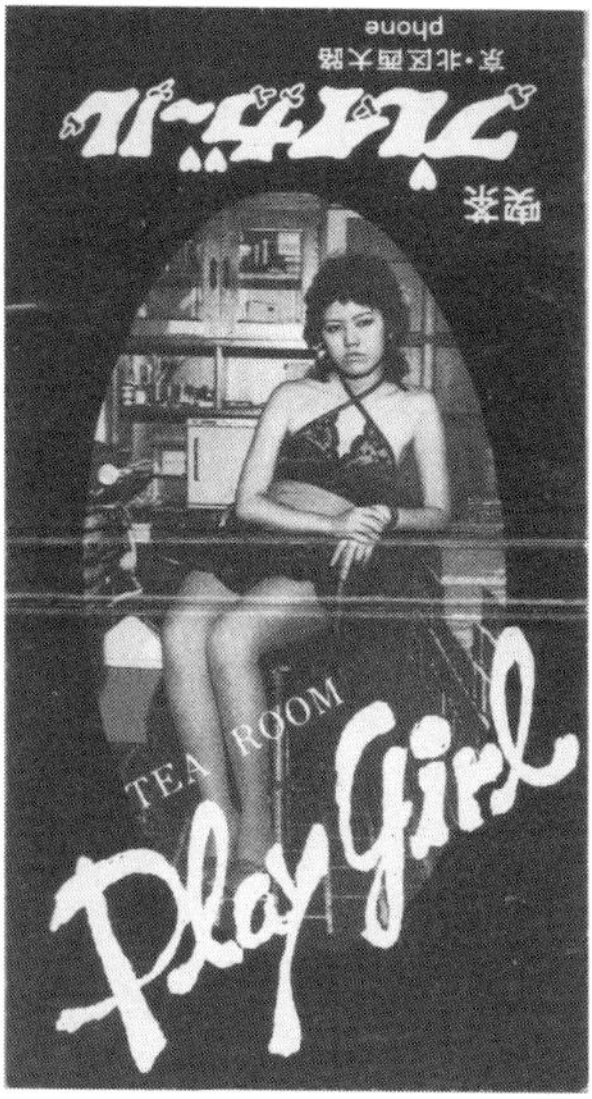

それでなくとも合計二〇〇〇円。友達はしばらくしてもう一杯頼み、「オレの分、タダで見せたるわ」と言ってほくそ笑んだ。その頃にはようやく場に慣れ、じっくり床を見たが、ストッキングの直穿き。結局よく見えなかった。
そんな思い出のあるマッチ、さて、鑑定額はいかに？

021
この世で一番、不要な品？ラブホのマッチとライター

その昔、喫茶店のマッチをやたら集めている友達がいた。

それらは壁の区切り、「落とし掛け」と呼ばれる木の部分にきれいに並べられていて、部屋の装飾品のように見えた。

自慢の品らしく、今までどれだけの喫茶店を巡ってきたかなど聞こうものなら、延々と語り出す。

「これはあそこのや、ほら、四条河原町の……」と、店の場所だけで止まればいいが、その時の思い出話まで始めるもので、辟易《へきえき》する。

要するに彼女とのデート話なのだ。

「そのコ、この店でレスカ（レモンスカッシュ）を二杯も飲みよった」とか、本当どーでもいい情報の数々を聞かされるわけだ。

「お前もいっぺん、ここ行ってみたらええぞ。ホンマ、サイコーやから」

と、欲しくもないマッチをくれたりする。

「いや、オレ、別に集めてへんし」と、断るが、「何個もガメてきたから気にせんでええ」と言って、無理やり押し付けられた。しかし家に帰ってよくよく見たらそれは喫茶店じゃなく、ラブホのマッチだった。

何だか罪を着せられた気持ちになって、その場で処分したが、何故、ラブホにもそんなオリジナルマッチが必要なのか？　そのことがずっと気になってはいた。

この世で一番、不要な品はこれではないか。

そう思うと何だか俄然欲しくなるのは僕の性分。

四十代の頃、レギュラーを務めてた深夜番組で企画を出し、集めてもらうことにした。

番組で使用した後、しばらくはうちの仕事場に放置したままだったが、煙草を吸う時についつい使用しちゃって、今ではほとんどのライターにはガスがない。

022 ランジェリー姿の女性ばっか 画集『KACERE カセール』

サンタナってギタリスト知ってるでしょ？

フルネームは〝カルロス・アウグスト・サンタナ・アルベス〟って言うんだって。ま、そんなウンチクはいいか。六〇年代から自らのロック・バンド「サンタナ」を率いているお方である。

で、そのサンタナの弟で、これまたミュージシャンだった〝ホルヘ・サンタナ〟って方はご存じだろうか？　彼が七八年にリリースしたファースト・ソロ・アルバム『ホルヘ・サンタナ』が、僕の仲間内でやたら話題になったことがあった。

その頃、レコードは仲間内で貸し借りが盛んに行われていたわけだけど、その『ホルヘ・サンタナ』だけは持ち主が貸すのをえらく渋った。

理由は一つ、レコードジャケットを汚されるのが嫌だったからだ。奴は「自分で買ったらええやんけ」と、強い口調で拒絶した。

スマホで検索してみてほしいのだが、そのジャケ写は、ランジェリー。パンティのドアップだったのだ。でも、よくよく見ると、写真じゃなく絵。当時流行《はや》ったスーパー・リアリズムって手法で描かれている。

少しでも汚されちゃランジェリーが台無しだ。僕も欲しくなり、自分で買った。

それから何年かして、書店で〝ひょっとして?〟と思う本に出会った。それが今回紹介する『KACERE カセール』という画集。

やっぱりホルへのジャケの元となった絵も載ってた。

〝アトリエに招かれ女性たちは、カセールの前で美しいランジェリーを身につけ、ベッドに体を横たえ、カセールの凝視によって天使に生まれ変わった〟と、解説に書かれてあるが、どうよ?

全ページ、ランジェリー絵。しかも実際はデカい。好きだわ、やっぱこれ。

023 ナイスバディなのにどこか変 海外で買った「ヌード絵」

いわゆる〝名画〟と呼ばれているものにあまり興味がない。

それでもたまに展覧会へ足を伸ばすことがあるが、大概は展覧会の土産物が目当て。どんなアイデア商品が並んでいるかに大層興味がある。チープであればあるほど欲しくなる癖は直らない。

昨今はカタログや絵ハガキに加え、トートバッグ、バンダナ、冷マ、Tシャツ、コップ、3Dカード、ノート、アクスタ（アクリルスタンド）などなど、名画をあしらったグッズがズラリその展覧会場の売店に並んでる。そこは〝いやげ物ハンター〟、どっさりレジに運ぶのである。買ったあとは仕事場の床に放置しておくが、いずれ押し入れや倉庫行き。ワイン工場のように寝かせておく。

海外に行った時は、一応街の骨董店をチェックする。本来の骨董は買う気などさらさらなくて、観光客相手のヌード絵ばかりを探して、店の人に「スケベネ、アナタ」と言われつつ、

「ディスカウント・プリーズ！」と、ねだることを忘れない。

当然最初は「ソレハ　ムリネ!!」的な顔をされるが、

〝こんなチープなヌード絵、誰が買うというんだ！〟

と、そこは強気に出て、再び交渉。当初一枚一万円近く言われたものが、粘りに粘って二枚で三〇〇〇円くらいにダンピング。

それが今回紹介する絵。中国人風女性のヌード絵と、もう一枚はロシア人風女性のヌード絵である。

地元の美大生が小遣い稼ぎに描いたものであろうか。銘が入っているのが、さらに嘘くさい。でも、そこがいいんじゃない！

「ナイスバディ！」

と、店のオヤジは嬉しそうに言ったけど、こんなヌード絵、額装までして飾る者はいるのだろうか？

024 AV女優がヌードデッサンモデルに『グラマー裸婦ポーズBOOK』

美大生だった時、一度〝ヌードデッサン〟の授業があった。

当然、僕を含めた男子生徒はにわかに色めき立ち、デッサン教室には朝早くから席取りのための列ができていた。

〝じっくり拝みたい〟

これが最大の目的でデッサンなどは二の次だ。教室の中央には少し高いステージが組まれていて、その上にモデルが座るためのパイプ椅子が置かれてた。

期待に胸を膨らませていると、ガラッと教室の戸が開いて、腰にバスタオルだけ巻いたモデルが入ってきた。

すぐさま落胆したのはその方が男性だったこと。僕は前から三列目の席だったけど、そこからでもハッキリと男性器が見えた。だから翌日から授業には出なかった。

そもそも、ヌード＝女性、しかもかなりのグラマーと思い込んでいたのは、どうしようもない男の煩悩である。美大受験のため、イカツイ西洋人の石膏《せっこう》像を前に何百枚とデッサンを描いてきた。ようやく入学できたんだもん。生身の女体にしてほしかった。

今回紹介するのは、数年前、本屋の美術書コーナーで見つけた『グラマー裸婦ポーズBOOK』という写真集。

しかも、そのモデルは何と！　AV女優の風間ゆみさんだ！

もし美大生時代に、風間さんがパイプ椅子にお座りになっていれば、僕のデッサン力もグングン伸びていたに違いない。いや、伸びたのは別のモノか。

どんなことでも基礎ってやつはつまらないものだ。それで挫折してしまう者も大勢いる。

基礎を踏まえた上で成し遂げる。

それが正しい道なのかもしれないが、好きなことを伸ばすにはやっぱりそこは楽しくなきゃって僕は今でも思うのだけど。

025 祭壇に置いて拝んでいる『美熟女快楽至上主義　風間ゆみ』

先ずは、この商品を未だに使用していないことだけは断っておく。

読者の中には「嘘でしょ?」と、それでも疑ってかかる人もいると思うけど、基本、愛する品と愛用品は違うのだ。コレクターの中には、そのため同じ商品を二個ないし、複数買う人もいる。「何故?」と聞かれちゃ困るけど、保存するものと使用するもの、それをちゃんと分けてこそコレクターだからだ。

しかも今回、紹介する『美熟女快楽至上主義　風間ゆみ』に至っては、どうしても使用できない、いや、憚《はばか》る理由がある。

それは、風間ゆみさんご本人からコレをいただいたからだ。

スゴイでしょ、コレ。僕は四十年以上もこんな仕事してきたけど、こんなスゴイ品を、しかも手渡しでプレゼントされたことなど初めて。

「どうぞ、よろしければ」と、風間さんに言われ、少し頭がクラクラした。

僕はＡＶ会社、シネマジックで〝風間由美〟名義だった頃からの大ファン。そんなことを知った雑誌の編集者が、初顔合わせ＆対談ページを企画してくれたのはいいが、緊張し放しで、返す言葉を失った。

場所は新宿の居酒屋。もちろん個室だ。

「あ、ありがとうございます。大切にします」と、なんとか感謝の言葉を述べたが、その時、箱を開け中身を取り出すような勇気は微塵もなかった。

持参した貴重なＶＨＳ時代のビデオソフトを数本、机の上に出し、サインをいただいた。ようやく酒が回ってきて、堰《せき》を切ったようにＡＶ談義をする僕はゾッとするほどダサかった。

僕はこの箱を部屋の一角、祭壇と呼んでる場所に安置し、あの夜の反省を込め、今も拝んでいる。

026

インド土産が空港でムキ出しリンガ&ヨーニ

リンガとヨーニ。

七〇年代ならヤマハのポプコンに出場してそうな音楽ユニット名であるが、それではない。サンスクリット語でリンガ（男性器）とヨーニ（女性器）のことなのである。

通常、リンガの下にはヨーニが配され、豊穣多産のシンボルとして崇拝されている最強のコンビといえる。

何年か前インドに行った時、街の土産物屋で、このリンガ&ヨーニのグッズが売られているところを見て、一つくらいは買って帰りたいと思った。

日本にもこうした性器崇拝の石像や木彫《もくちょう》が存在するが、インドのこれはとてもデザイン化されていて、家のリビングに置いても似合う気がしたのだ。

当然、ヒンディー語など話せない僕は土産物屋のオヤジさんに「ディス・ワン・ディスカウント・プリーズ！」と言った。それでまけてくれたのかはよく分からないが、オヤジさんは「オー、リンガ」と呟き、ニヤニヤしてた。そしてレジのところで、リンガとヨーニを切り離して新聞紙に一つずつ包んでくれたのだ。

割れものだから仕方ないが、その時ちょっと不安になったのは空港の荷物検査。ヨーニの部分はまだしも、新聞紙で何重にも包んだリンガの形状はどうだろう？

案の上、帰りの空港で困ったことになった。後ろに長い列ができているというのに検査員は僕のカバンの中からそれだけを取り出し、怪訝《けげん》な顔をしてた。

「えーと、シンボル……いや、スーベニーア！」

必死で思いつく単語を口にしたが検査員には通じず、断りもなしにセロハンテープでぐるぐる巻きにした新聞紙を破り始めた。

「ストップ！　ストップ！」

僕は慌ててそう叫んだが、新聞紙からリンガの亀頭部がムキ出しとなった時、検査員は「オー!?」と言ってようやく笑うのだった。

027

熟女感が漂う愛と美の女神
木彫りビーナス

今回紹介する品は、恐ろしく長い吊り橋のある観光地の土産物屋で見つけた木彫りである。店の奥の隅の棚にポツンと置いてあった。

よほど前から置きっ放しになっているとみえ、手に取るとものすごく埃をかぶっていた。ボロボロの商品タグには、「ビーナス」とだけ書かれてた。木目もすこぶる粗く、裸体らしき部分が木目で縞状になっている。

もちろん、顔もビミョーだ。そもそもビーナスと言や、ローマ神話の愛と美の女神である。ま、そのポージングはちょっとビーナスっぽいけど、どーなの？　こんな木彫り、買う人いるの？

そう思った瞬間、いやげ物ハンターは〝僕が買うべき品だ！〟と己が己に囁いた。そして、こういう品を見つけた時には即、惑わずレジに運ぶのがマイルール。

「すいません、コレ、ください」

と、差し出すと、店員は、「ちょっと待ってくださいね。店長に聞いてきますから」と言って、一度、店の奥に引っ込んだ。そして戻ってきた途端、

「三万五〇〇〇円です」

と、言い放った。

〝えー⁉　そんなにすんの‼〟

つい、「高いですねえ……」と言うと「だってこれ奈良彫りですからね」と店員は自慢気だ。そんなことはどーでもいいのに……。
でも、もう後戻りはできない。
旅の同行人に「ちょっと一万円貸して。すぐ返すから」とお願いし、ようやく手に入れた。

028

股間がモッコリ闘犬フィギュア

高知県を旅した時、土佐闘犬センター（現在は営業終了）近くの土産物屋でものすごい数の闘犬グッズを目にした。

「それなんてどうですか？　威勢がいいでしょ」

と、近寄ってきた店員に言われた。この先のことを考えると、とてもお荷物になるデカさだった。

「でも、置き場に困るし……」

などと、僕が及び腰で返すと、

「玄関先なんかいいんじゃないですかねぇー、魔除けにもなりますしねぇ」

と、勧めてきた。でっかい闘犬フィギュアを玄関先に飾るなんてセンスを持ち合わせていない僕が渋っていると、

「じゃ、コレなんかどうです？」

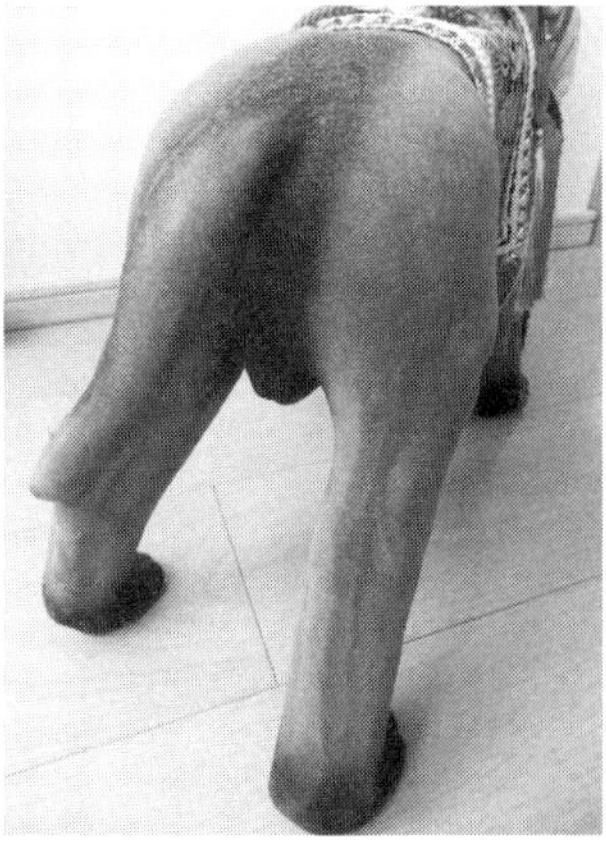

と、差し出されたそれは少し小さめのものだった。

「サイズが大・中・小とございましてね。これが中。せめて中にされたらどうですか？」

そう言うもんで、その理由を聞いた。すると店員は、

「中からは金玉が付いてますからね」

と、言うではないか。確かに中の股間を見ると、モッコリ膨らみがある。納得して、

「じゃ、それにします」

と、購入を決めたが、中もそれなりにデカい。紙袋から頭部が覗いてた。

今は仕事場の玄関で「待て」をキープしているが、突然悪い奴が入ってきたら、きっと噛みついてくれるだろう。

029 インバウンドが盛んな今、心配「入口　コックさん」の写真

インバウンドで一番気になるのは和製英語の表示である。

昔っから政治のことにはトンと疎《うと》いが、外国人たちが大勢集まる場でのそれを、どう対処していくのか。政治家の手腕が問われるところだ。

外国人観光客がたくさん来てくれるのは、経済的にはとてもいいことなのかもしれないけど、その陰で〝困ったことになった〟と嘆いているのはエロ産業。

コンビニからエロ本は撤去されたようだが、エロはド根性大根のように、意外な場所で生えてくるから心配しなくて大丈夫だ。

そんなことより、外国人観光客から、

「ドーカシテルゼ、コノクニ！」

なんて言われ兼ねない和製英語を使った看板のほうが気になる。まだ至るところに放置されてるからだ。

今回、紹介する写真は八丈島で撮ったもの。「入口　コックさん」と書かれている。日本人ならこれはたぶん洋食屋か何かの店名で、その入り口を指していることは大体予想がつく。

しかし、日本人ガイドを連れた外国の観光客が、もし「アレ、ナニ?」と、看板を指し、聞いてきたら、どう説明するか?

英語の〝コック〟とは、言わずもがな男性器を示すスラング。本来なら料理人の発音は「クック」である。

その入り口となると尿道口になるのだろうか。いや、「エントランス・コック」などと訳した場合、「ドーカシテルゼ、コノクニ!」が出ることは間違いない。

政治家が先ず、やらねばならないことは、危なっかしい和製英語の撤廃だが、僕はこんな写真を撮り続けている手前、〝そこがいいんじゃない、日本〟と思っている。

030 初めて見た一般人の投稿エロ写真雑誌『オレンジ・ピープル』

表紙に横文字で『orange people』と書かれた雑誌。

二十代の頃、住んでた高円寺のアパート近くの怪しい本屋で見つけた。怪しいというのは、やたら店内が狭く（三畳ほどのスペース）、薄暗かったこと。それに開店は夕方から。店名も「月光堂」だったと記憶する。

今もたまに高円寺を訪れることがあるが、店は随分前に潰れ、その狭いスペースは空き地のまま。喫茶店「七つ森」の裏側と言えば、分かる人もいるかもしれない。

僕はその時期、自ら〝高円寺ゾンビ〟と名乗っていた。夕方頃に起き出しては、当てもなく高円寺の商店街をゾンビのようにぶらつく。仕事はなくもなかったが、雑誌用の小さなイラストとかそんなの。ふんだんな時間を持て余してたわけだ。

まだオシャレな古着屋など出現していない時代。古本屋、中古レコード屋がせめてものチェックポイントだった。

最終的にこの書店で立ち読みをキメるというのがルーティンだ。そこは古本屋と違い、新刊を扱っていた。

とは言え、そのほとんどが今で言うサブカル本とエロ本。特殊漫画誌『ガロ』（当時、僕もたまに描いてた）が買えるのも高円寺でここだけだった。

で、問題なのは、今回紹介する『オレンジ・ピープル』という雑誌。表紙だけでは内容がよく分からないだろうが、コレ、〝スワッピング〟の雑誌。ホッピングでも、スワンプ・ロックでもない、要するに夫婦交換雑誌だったのだ。

今でこそ「素人投稿」を扱った雑誌はあるが、たぶんこれが魁《さきがけ》ではなかったか。
〝四十代後半の仲がいい夫婦です〟と、写真に添えられたコメント。だったら交換などしなきゃいいのに？　などと思うのは素人の考え。僕はその衝撃に立ち読みだけでは満足できず、購読するようになったのだ。

031

オリエント工業四十周年記念書籍
ラブドールの本『愛人形』

〝愛人形〟と書いて、ラブドールと読む。

それは〝来夢来人〟と書いて、ライムライトと読ます喫茶店名とは、全くわけが違う。一ドルが一三〇円そこそこ（当時）の時代にあって、そのドールは一ドール、七〇万円くらいする商品。それを高いとみるか、安いとみるかは貴方次第なのである。

「一緒にショールームを見に行きません？」と、リリー・フランキー氏からお誘いを受けた十数年前。

「でもさ……」と、即決しなかったのには理由《わけ》があった。僕は既に一体、持っていたからである。

「でもね、みうらさん、Ｈｉｔｏｍｉさんの時代と違って、今の完成度はハンパないんですから」と、リリーさんは言った。Ｈｉｔｏｍｉさんはソフトビニール製の棒立ち人形。随分昔に購入したものであった（それでも二〇万円くらいした）。「だから浮気ってことになるんじゃないの?」と、返したが、結局は行くことにした。

二人は〝買う前（買う前提）〟でオリエント工業のショールームに向かった。いや、そうじゃないと絶対、判断が鈍るから。

確かにリリーさんが言うとおり、Ｈｉｔｏｍｉさんとは比べものにならないくらいのものすごい完成度だった。

今回紹介する写真集『愛人形』の帯に〝世界に誇る――〟と書かれているが決して誇大コピーではないことを断言しておく。

愛人形
東京・下町のモノづくり企業が創り上げた、
世界に誇るラブドール!!
日本の老舗ラブドールメーカー・オリエント工業が、40年間にわたって培ってきた、
モノづくりの技術と哲学が凝縮された、永久保存版の一冊!!

リリーさんは他のメーカーのラブドールを選んだが、僕はこのオリエント工業の〝絵梨花〟さんをお迎えした。

「今度、彼女連れで飲みに行きません?」

リリーさんとそんな話で盛り上がり、試しに一度、飲み屋に運んだことがあったが、二ドール分のチャージ料金をきっちり請求されたのだった。

032

口元のホクロだけリクエスト
ラブドールの絵梨花さん

ラブドールの絵梨花さんがうちの事務所にやって来た。

夏の暑い日、大きな段ボール箱が届いた時のことを今でもよく覚えてる。

絵梨花さんは体育座りのようなカッコでその中に入っていた。苦しかったろうな。梱包上の関係で頭部が外してあってギョッとしたけど。

上野・御徒町にあるオリエント工業のショールームで見初めて以来、到着を待ちに待っていた。

買った時に店の人から「アンダーヘアはどうされますか?」と、問われ、困った。そこまで考えていなかったので「いや、いりません」と答えたところ「それじゃ、まるで人形ですよ」と、不思議な言葉を返された。

やはりマニアの世界は深い。ヘアのオプションを受け入れ、僕は、

「口元に一つ、ホクロを入れてもらえませんか?」

と、リクエストしたんだ。

その頃、僕は五十代。そろそろ高級なものを一つくらい持っていてもいい歳だ。だから高級ラブドールを手に入れたのだ。

しかし、あまりに作りがリアルすぎて段ボール箱から出し、椅子に腰掛けてもらったが、二人っきりだと、ちと怖い。人間の防衛本能ってやつなのか、必死で人間じゃない部分を探した。

以来、絵梨花さんは事務所の秘書役。応接間で仕事の打ち合わせを聞いている。

当然、話に口を挟むことはない。

たまに来客（主に男性）が「ちょっと触ってみていいですか?」と聞いてくることがあるが、「今日は特別ですよ」と僕はもったいぶって言う。

実は最近、絵梨花さんはボディを最新モデルにチェンジした。ドールにはアンチエイジングのための日々のケアなんて関係ないのだ。

033

ベッドで煙草を吸わないでぇ〜♬
ヌードライター

〝ベッドで煙草は吸わないで〟というのは、小学生の頃の僕にも理解はできた。

当然、不注意による火事を案じてのことだろう。それにいくら煙草が好きだからといって、寝るところまで持ち込むなんてどうかしてると思っていた。

しかし、ある日、テレビの歌謡番組を見ていると、やけに艶っぽいおねぇさんが〝ベッドで煙草を吸わないでぇ〜♬〟と、歌っている姿に疑問を抱いた。

ちなみにその歌手は、後に『プレイガール』というエッチなドラマで〝オネエ〟と呼ばれてた沢たまきさんだった。

確かにこの歌も喫煙者に向け注意をしているようだが、その口調は決して叱り付けてるカンジではなく、甘く呟いているように聞こえる。

そんな言い方じゃ、やめやしないのでは？　不思議に思い、僕はしばらく歌に耳を傾けた。

〝私を好きなら火を消して〟

いや、待てよ、〝私を好きなら〟っておかしくないか？　心配しているのは火の不始末じゃなく？　なんて、小学校低学年までは思っていたが、テレビの洋画劇場で見た、男女が上半身裸のベッドシーン（下半身はよく分からないが）。それを見た時から、男がベッドで煙草を吸うのは何か事情があってのことと気付いた。

「ねぇ、私の誕生日、いつか覚えてる？」とか、「貴方、浮気してるわね」などと、女に問い詰められ、返答に困ると、男は煙草を吸い出す。

きっと言い訳を考えるための道具なのだと思ったのだ。

ところで、今回の収集品、ヌードライター。

カチッとやると隠していた手が上にいく。こんなもので火をつけた煙草は、さらに相手の逆鱗《げきりん》に触れること間違いなしである。

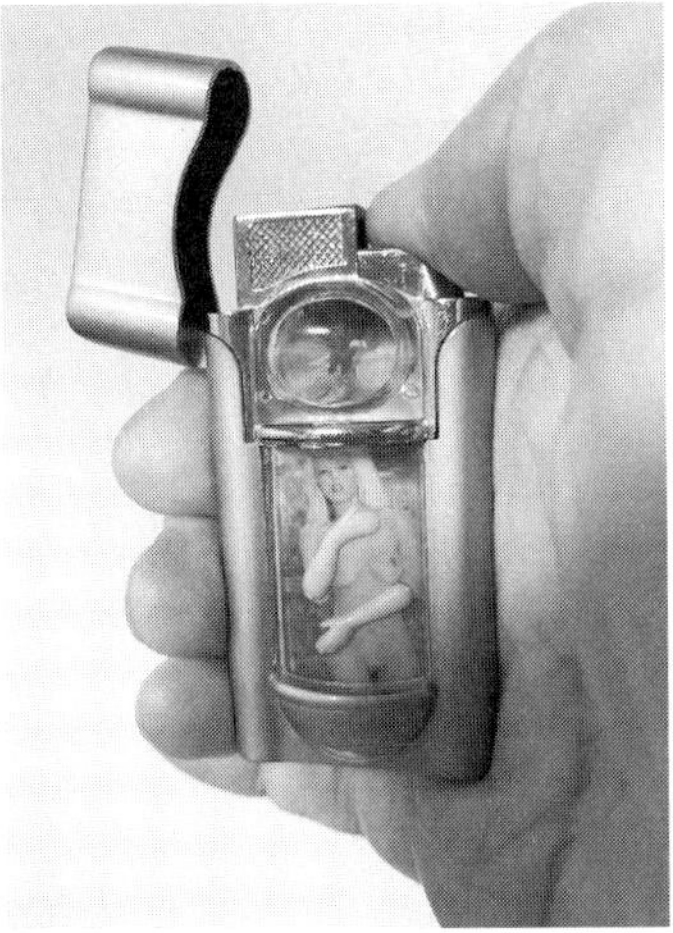

『ベッドで煙草を吸わないで』作詞：岩谷時子　作曲：いずみたく

034

どこで火を消すのが正確か？ ヌード灰皿

僕のまわりでももう、煙草を吸う人はほとんどいない。みんなやめちゃった。吸える場所が少なくなり、煙草もどんどん値上げ。当然、健康のためでもある。

「案外、すぐにやめられた」

と、言うかつてのヘビースモーカー。でも、吸い始めたきっかけは誰しも煙草がカッコイイと思ったからだ。

特に映画に出てくる主人公が、渋い顔して吸ってるシーンに憧れを持った。そして、大人の恋愛っていうやつにも煙草がつきものだった。

ベッドイン後、「私のこと、本当に愛してる？」と聞かれた男はおもむろに煙草をくわえ、高級ライターで火をつける。

「ねぇ、私の話、聞いてる？」

少し開けた窓から紫の煙が出ていくのが見える。

「ねぇ、何か言ってよ」

男はそれでも無言のくわえ煙草。要するに返す言葉に困っているのである。そんな時用のアイテムでもあった煙草。

かつてはブルース・ウィリスもダイ・ハードな任務を終えると、くしゃくしゃになった煙草を吸ったもんだが、シリーズの四作目からはプッツンとやめた。カッコイイ奴まで禁煙しちゃったんじゃ困る。それでもやめられない輩（僕を含めた）は、家庭でも肩身の狭い思いをして、台所の換気扇の下でコソコソ、煙草と灰皿を持ち出して吸っている。

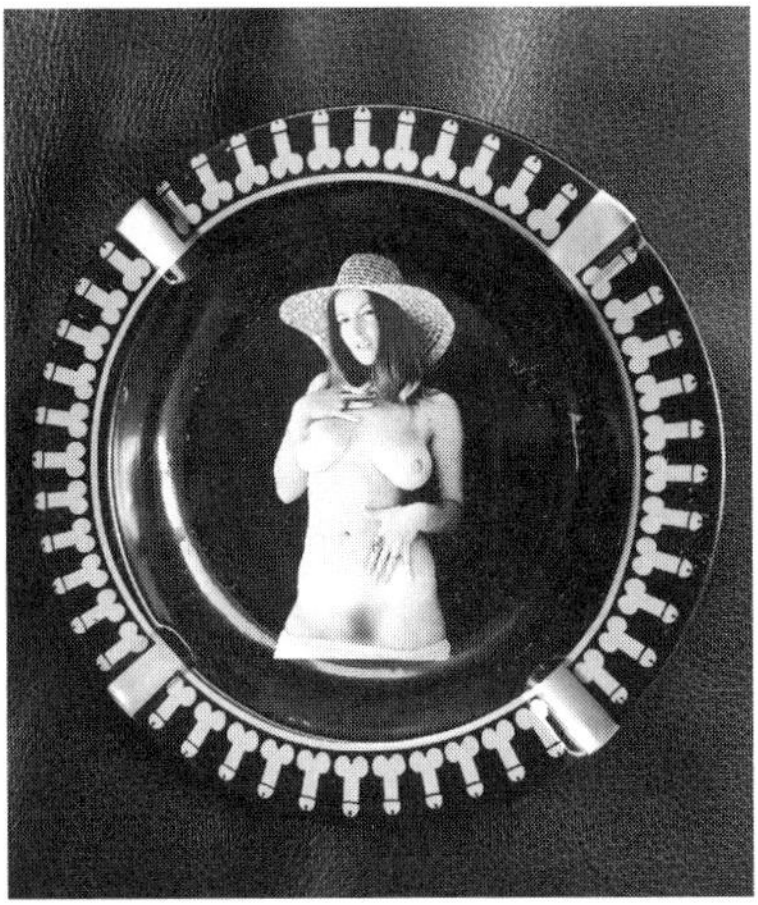

うーん、やっぱ美味いぜ、煙草ってやつは。

その時初めて気付いたのが、今回紹介する灰皿。こんなもの、いつどこで買ったんだろう？

ヌード写真のところで消すのは忍びないし、ましてや、縁のナニの模様部分で消すのは大層キツい。

035

男のハートを鷲摑み『マタンゴ』のソフビ人形

小学生の頃、地元・関西ではよほど特撮モノがお好きなテレビマンがいたとみえ、土曜の深夜帯などは怪獣モノとはまた一味違う、怪人モノの映画がよく放映されていた。

怪人モノというのは『美女と液体人間』や『ガス人間第一号』、『電送人間』とかのことで、中でも『マタンゴ』は特にハマった。

平日は「せめて十時までには寝るように」と親から言われていたけど、土曜日はテレビのあった居間に布団を川の字のように敷いて僕・父・母の順で横になりながら見たものだ。

何度見ても飽きないそのストーリー。難破したヨットが不気味な無人島に漂着したところから始まり、次第に人間の欲望がムキ出しになっていく。乗客は鬱蒼《うつそう》とした森に食料を取りに行くのだが、やがて奪い合いが始まる。

それが何よりも怖かったし、怪獣モノでは味わえない凄みがあった。

母が「私はもう寝るさかい」と言って、途中で布団をかぶるのも毎度のこと。この手の映画が大層苦手だったのだ。

それに『マタンゴ』には男のハートを鷲摑みにするシーンが出てくる。決して食べてはいけないキノコ（マタンゴ）を頰張り、「コレ、おいしいわよ」と、クラブ歌手役の水野久美さんが言うところ。どんどん妖艶になっていかれるのである。

一度、ラジオ番組でご一緒させていただいたことのある水野久美さん。そのシーンのことを聞くと、

「私も当時、若くてよく意味が分からなかったけど、監督はあのシーンにこだわりがあったみたいで、何度もダメ出ししたのよ」
と、笑いながらおっしゃっていた。
今回紹介するのは、マタンゴを食べてキノコ人間となった姿のソフビ人形。やはりグッとくるフォルムである。

036 雑誌『ムー』の通販で買った願いを叶えるマシーン

〝捨てられない〟と、〝捨てない〟では話が随分違ってくる。

前者は、流行りの断捨離に便乗してどうにか頑張るしかないけれど、後者は強い意志がある分、かなり重症である。

しかし、後者にも言い分があって、いつ何時、来客があった場合でもその〝捨てない〟モノをお見せして「よく取ってありますなァ」とか「これはやっぱ、面白いですね」と、喜んでもらうこと。要は接待の意味も含めて捨てないというわけである。

うちの仕事場にはそういった接待用捨てないモノがわんさとあったのだが、数年前に、これでは肝心の仕事をするスペースがないと、とうとう倉庫まで借りることになった。

そのお陰で仕事場は少し片付いたのだが、倉庫に仕舞ったものは、当然出すのが面倒になり、何のために〝捨てない〟のか？　自分でもサッパリ分からなくなった。

それでも何十個、いや何百個はまだ仕事場に残留しており、その中でも取り分けわけの分からないモノを今回ご紹介する。

形状がヤバイから、よからぬものを想像する人もいるかもしれないが、よく考えてほしい。わざわざそのようなモノを残留させる意味はないだろう。

コレは、今から三十年以上も前、スーパーミステリー・マガジン『ムー』の通販コーナーで見つけ購入した「宇宙の念波を取り込み、願いを叶える」というマシーンなのである。

台座を開けると中には螺旋にコイルが巻かれたものが入っている（意味は分からないが）。

その中央に願いごとを書いた紙を入れておくと、宇宙の念波がキャッチして叶えてくれるというのだが、未だ願いごとすら書いていない。
それに台座の下、黒い飛び出した部分にアースを繋ぐんだったと思うけど、コードをなくしてしまった。
残念だが、宇宙の念波はキャッチできない。

037

接吻だけで終わるのか？ レプリカの接吻像

ロダン作による有名な大理石彫刻『接吻』。

「Aがキスで、Bがペッティングで、Cはエッチ」なんて言われ出した頃には、「接吻」なんて表現は既に消滅してた。

それは要するに接吻だけでやめる恋人たちが少なくなったというか、それだけでは辛抱できず、AしたらB、BしたらCとその日のうちに済ませてしまうようになったからではないかと踏んでいる。

ロダンの時代、接吻だけでやめていたのには理由がある。人目を盗んでする場所が限られていたからだ。今と違ってシティホテルやラブホなどはなく、陽が落ちてからの河原や公園が唯一の接吻発展場であったろう。

「この先は結婚した時までお預けよ」

「じゃ、結婚を前提におつき合いを！」

ストーリーはたぶんこんな感じ。

でも、待てよ。このロダンの接吻像、既にスッ裸じゃないか。二人が腰を下ろしているところもゴツゴツした岩場と見た。これじゃ素肌には痛かろう。

それでも夢中で口を吸い合ってるが、野外である。覗き屋が出るどころか警察に通報されてもおかしくない。それに心配なのは果たしてこの二人、接吻だけで終わるのかということだ。

今回の収集品は、高さ一五センチほどのレプリカ（というか、箱根 彫刻の森美術館で買った土産物）。
きっと本物に比べ型も甘いだろうが、ぐるっと回すと接吻がいろんな角度から見られる。そういう意味では優れものである。
〝いつまでやってんだよ！〟
僕はこれを見るにつけ毎度、そうツッ込む。

038

よく見りゃ熟女だらけ温泉絵ハガキ

〝拝啓　僕は今、都会の喧騒から逃れこんな遠くの土地に来ています。

ほんの数日間の旅ではありますが、一人旅館で思うのは貴女のことばかり。

今、何をしているのかな？　なんて考えていると居ても立ってもおられず、つい、こんな絵ハガキを出してしまいました。

いつか、叶うなら貴女とこの地を再訪したい。

そんな気持ちでいっぱいなのです。

どうかお元気で　敬具〟

旅先に着いてすぐ、土産物屋でご当地の絵ハガキセット（一〇枚組）を買った。

中でも温泉の絵ハガキを選んだのは、君が温泉好きだったから。

聞くところによると、この旅館には「家族風呂」というものがあるらしい。それは今度、君と来た時に入ってみたい。

そして、二人の今後のことをいっぱい語り合う……。

いや、ちょっと待て。この絵ハガキの温泉、やたら人が多くないか？

それもよく見りゃ熟女だらけだ。

もう文章のほうは書いてしまったので出すつもりでいたが、これでは単なる嫌がらせと思われてしまうかもしれない。

やっぱり、ここはもっとフツーの絵ハガキで出すべきか……。

などと考えてる男にきっと彼女との明るい未来はない。

今は通信手段が山ほどある時代。

しかしこんな絵ハガキ故の面白さはなくなってしまった。

僕は、こんなカスみたいな絵ハガキを「カスハガ」と呼んで集めている。

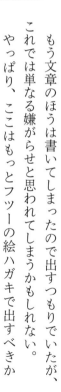

039

お祝いでもらった超高級品「十二単ティッシュ」

〝ティッシュ〟と聞くと、未だに少し、よからぬことを想像するのは昭和生まれだからか。街のティッシュ配りで随分、ティッシュもライトな存在になったとはいえ、ティッシュが初めてうちの家に置かれた時はかなりの衝撃だった。

それまではトイレの名称も便所。しかもポッタン便器の脇に置いてあった質の悪い落とし紙ってやつだ。オナニー（それも当時は〝千摺り〟）をしたくなると、夜中、数枚ガメてくるのが常。

何せ質が悪いもので、優しく拭かないとアソコがヒリヒリする。ひどい時には擦り剝けて出血するなんてこともあった。

でも、若さってやつは痛さなんて何のその。カサブタができるまでにまた愚行をくり返すもんで、ヒリヒリしっぱなし。

僕が小学校低学年の時、既にティッシュは存在していたんだけど、一般家庭にはあまり流通してなかった。

便所が洋式の水洗トイレに替わった頃、ようやく我が家にもやって来たティッシュ時代。「ティッシュは水に溶けない」とは知らずに流してしまい、トイレを詰まらせ難儀なことになったりもした。

そんな時代もあったのねと笑ってティッシュを語れる日が来て、本当よかった。

今回紹介する品は還暦祝いのプレゼントにいただいた高級ティッシュ。

それは「十二単の感触で……」と説明書が付いていた。何と一箱一万円もするという。一体、何枚入っているのかは分からないけれど、よからぬことに使用するにはちょっと気が引ける。
僕はそれを仕事場に置き、たまの来客に「ちょっと触ってみてよ」と、得意気に見せびらかしているけど、一枚たりともあげたことはない。

040 この形状はどうしたものか？
美顔ローラー

〝この形状はどうしたものか？〟と、大型量販店の美容コーナーで僕は思った。

その存在は既にテレビの通販番組で知っていたけど、目の当たりにして確信を持った。

これは「確珍犯《かくちんはん》」であると。

店員が寄ってきて「プレゼントですか？」と聞いてきた。僕は「ま、そうですね……」と答えるしかなかった。それからしばらく、この美顔ローラーの説明を聞いた。

「私も実はコレを愛用してるのですがー」

と、店員は言った。

「肌のたるみはコレで解消できますしね、何ならお客様も使われてもいいかと」

平日の昼間なので店内は空いている。もうすぐ買うか買わないかハッキリとした選択を迫られることになる。

「一度、お手に取られて試されたらいかがです？」

「いや、は……はい……」

渡され、握ってみると、金属のひんやり冷たい感じが伝わってきた。いや、それにしてもこの形状は……。

「この上の二つのボールで肌を挟むようにして……」

二つのボールねえ……。

「上下に転がすと、頬肉に刺激を与えましてね」

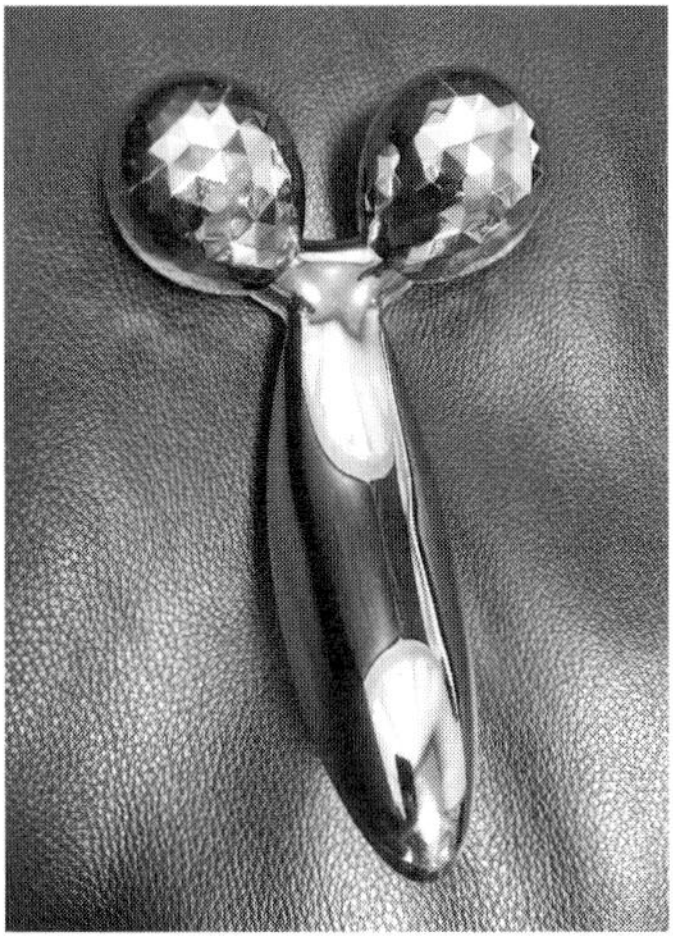

「何かいいですねぇ」

僕はその場しのぎの感想を述べた。

「きっと、プレゼントされた方もお喜びになると思いますよ……」

「ですよねぇ」

値段はすこぶる高かったが買ってみた。

当初は、たまにコロコロしたけど、今は放置している。

041

逆さにすると服が……
ヌードペンとヌード靴ベラ

昔から、この手の商品には目がなくて、取り分け陽気な観光地に出向いた際には何の疑いもなく買ってしまう癖が直らない。

で、このヌードペンを使って何を書く？

たぶん、急ぎのメモ書きなんて時は手元にないだろうし、ペンを逆さにし、ボディコン衣装みたいな黒い部分がスーッと消えるのも、二、三度見れば飽きてしまう。

だが、僕はこれ以外にも何十本と持っている。

ヌードものは当然、その開放感から、南国の土産物屋に多く発生するものだ。

かつては日本もヘアヌードでやたら騒いだけど、解禁後は何てことはない。あるべき姿に戻っただけのことである。

そもそも、ナチュラル志向はヘアヌードから始まったと言っても過言ではない。

その点、欧米は昔っから明け透けで、ありがたさの反面、若い頃は引いてしまうことが多かった。

だから本来ヌードペンのやめどころは半脱ぎぐらいがありがたい。

さて、もう一点紹介する。ヌード靴ベラである。

こちらはどう見ても国産だ。角度を変えると服の着脱ができる仕組みになっている。

着衣バージョンからヌードに変わる時、手で股間を押さえるようになっているのは、恥を重んじた昭和の習わしか。

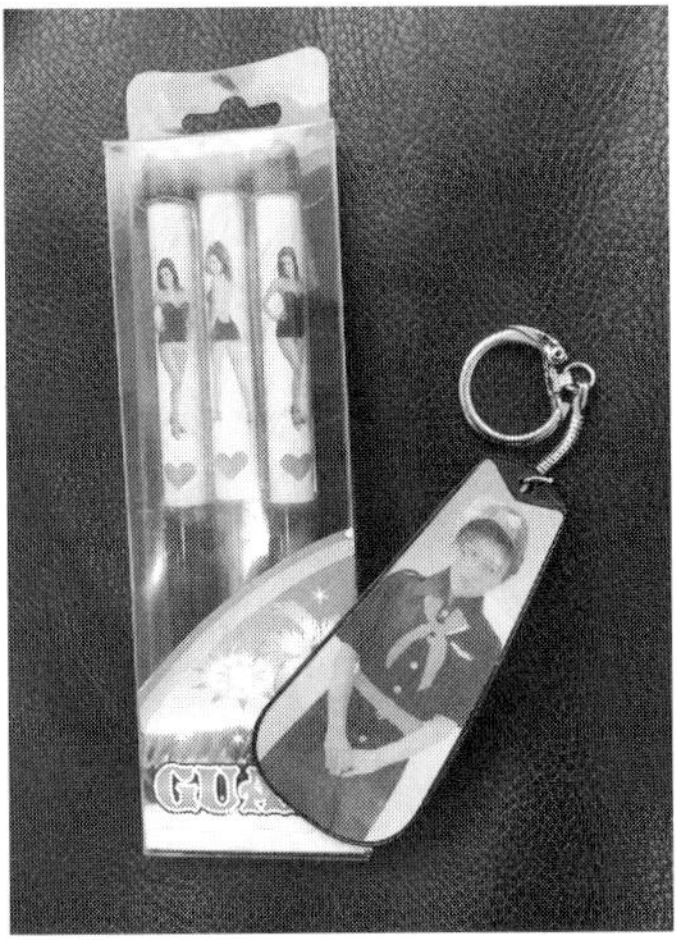

今ではほぼ欧米化した日本ではあるが、その恥じらいのセンスだけは忘れてほしくないものだ。
これも、靴ベラとして実際に使用したことなど一度もない。

042

どこまで膨らむ？　妄想と股間

『官能小説用語表現辞典』

エロ写真に頼ってきた人生だ。

そりゃ、ＡＶのほうが脳内天国の沸点は早いけど、心のどこかで〝そんな楽チンで本当にいいんだろうか？〟って疑問がいつも付きまとう。

楽チン。言葉通り、楽なチンチン。ただ〝出せばいい〟という考え方が何だかとても虚しいのだ。

今まで好き嫌いに構わずいろんな教育を受けてきた。

この歳になり、ようやく「比較はいけない」「他人には優しいほうがいい」なんて思えてきたのにな。

人間が勝手に名付けた「野獣」ってやつだって、実は節度があって自然界で生き抜く術としてのガルゥゥ……なわけだ。そこだけを取り上げて、やたら性に飢えてる喩えを「野獣」とするのは間違いではないか。

一時期流行った『ざんねんないきもの』とは、本来、人間のことだと僕は思う。

人間にはもっと豊かな想像力が必要である。その点で言えば、エロ写真よりもさらに妄想力を必要とするのが官能小説だ。それは〝急ぐこと勿《なか》れ。リアルに頼ること勿れ〟と諭してくる。

官能小説という呼び方も随分、昭和臭が漂うけど、それにしか出てこない用語がたくさんある。

永田守弘さんというこの分野の第一人者が著された『官能小説用語表現辞典』を買ってみた。そこには約二三〇〇語が載っていた。たとえば〝いびつな杯《さかずき》〟。さぁ、君はこの用語でどこまで妄想と股間を膨らませられるか？

いい機会である。この辞典で妄想勉強を始めようではないか。

特に、老いるショックを受けし者にはいい暇つぶしになると思う。

043

像の股間をチラ見してため息

朋友・山田五郎氏にもらった仏像

今回紹介するのは朋友・山田五郎氏から数年前、うちの事務所移転の際、お祝いにともらった真鍮《しんちゅう》製の仏像である。

仏像とは本来、悟りを開いた如来と、それを約束された菩薩のことだけを指すが、これも日本では大きく〝仏像〟と称す。

少し下から煽って撮影したので、メインであるお顔が見えないが、荒ぶる顔が三面も付いたフロム・インドのヒンドゥー系神像なのだ。

この形式がかつて中国に渡り、後に密教系仏像として日本にも伝来した。

しかし、ヒンドゥー系の神像の中には、この像のように女神とモロまぐわる姿のものもあり、見る者を未だギョッとさせる。

シバ神のシンボル、リンガ（男根）が、ヨーニ（女陰）に刺さった状態なのだが、日本ではそれを歓喜天《かんぎてん》と呼び、大概は秘仏である。

生命の根源は性交にあり。よくよく考えなくてもマットーな真理だが、「神秘」という言葉通り、秘めたるものにはパワーが宿る。だから普段は拝観できない。

要するに、山田さんがこれをプレゼントしてくれたのも、

「みうらさん、死ぬまでセックスやで！」

と、『週刊ポスト』の特集みたいなメッセージを込めたものと思われる。

老後は楽して暮らしたい。そんな弱気な考えを、

「何を言うてんねん！　もっと気張らなアカンがな！」

と、ド関西弁で諭している気がしてならない。

現在、トイレの棚に鎮座されているこの仏像。

毎度、用を足す時、像の股間をチラ見して、

「そんな無茶なこと言われても……」と、ため息をつく僕である。

044

大人版ツイスターゲーム

ベッドで遊ぶのか⁉

「恋はゲームだから」なんてセリフ、人生で一度も口に出したことはない。たぶん、歌謡曲で聞いたワンフレーズだろう。

小学生の頃、大ブームだった〝ツイスターゲーム〟をひとりっ子なのに買ってもらった。箱の中には赤、青、黄、緑と色付きの円が配置されたビニールシートと、その色を選択するためのルーレットが入っていた。

プレイヤーはシートの上で、「次、足を黄色に」などと次々に指示され、そのうち、かなり無理な体勢となって、倒れ込む……そんなゲームだ。

プレイは基本、二人以上。シートの上でもつれ合うのが面白いのである。

友達がうちに遊びに来た時、何度かプレイしたが、そうじゃない場合は、父と母と三人でするしかない。シートの上で重なり合う親子なんて気恥ずかしくてやれたもんじゃない。

一度、クラスメイトの誕生日会にツイスターゲームを持参したことがあった。ようやく本来の目的である女子とのもつれ合いもあって、大いに盛り上がった。

今回紹介するのは、随分大人になってから購入したエロ・ツイスターゲームだ。

箱に写る外国人女性のカッコは、八〇年代に流行った、オリビア・ニュートン・ジョンの『フィジカル』がイメージされているのだろう。

確かグアム島のトイザらスみたいなおもちゃ屋で買った気がする。

ルーレットには僕でも分かる英語で〝足を舐めよ〟とか〝ヘソを舐めよ〟とかの指示が書かれている。シートが付いてないのは、たぶんこれをベッド上で行うからだろう。

「恋はゲームだから」

きっとこのセリフは、プレイ中に吐くものに違いない。

045 ウッフーン・ポーズを決めているセクシー耳掻き

旅をしている途中で見つけた釣り堀の看板。

「マス」、それだけが大きく書かれていた。

当然、〝マス釣り〟の意味なのだが、心配になった。

誰も間違えやしないだろうけど、困ったことにマスは魚の名のほかに、よからぬものを掻く意味もある。

後者のほうの正式名称はマスターベーションだ。

昭和には約めて「マス」と呼んでいた。

「マスを掻く」とは、要するにオナニーのことである。

蛇足だが、それが頂点に達した時、掻くは「抜く」という表現に変わる。

そういや一時期、女子の膝枕で耳掃除をしてもらえるというフーゾクが流行った。これも、「掻く」、または「掻いてもらう」行為のひとつだ。

そしてゴッソリ出た垢を耳から「抜く」わけだ。

今回紹介するのは、レトロな雰囲気のセクシー耳掻きである。

ウッフーン・ポーズを決めている木製品。

掻く部分は足先ということになる。

温泉街の土産物屋によく置いてあったものだが、誰をターゲットにして作られたものなのか、よく分からない。

二本写っているが、微妙に違う。
セクシー耳掻き職人によるハンドメイドだからだろう。
僕はまだ、この足先を使って掻いたことはない。

046

映画館で交渉し続けた集大成 エロスチール写真ファイル

『フランケンシュタイン対地底怪獣《バラゴン》』という東宝怪獣映画。

この映画が爆発的に人気があったとは思えないが、当時、僕が行った映画館はパンフレットが売り切れで、大層悲しい思いをした。

一九六五年公開だから、僕が七歳の時である。

帰りしなに、もう一度売店に行ってパンフのことを尋ねたが、今後入荷する予定はないと言われた。

しょんぼりしていると、かわいそうに思ったのだろう、売店のおばさんが、

「この映画が終わる時、坊や、またおいで。そこに貼ってある写真、あげるさかい」

と、言ってくれた。だから、僕は『フランケン――』の上映最終日、ワクワクしながらその映画館に向かったのだった。

貼ってある写真とは、通称・ロビーカードと呼ばれるもの。劇中に出てくるシーンとは少

し違った宣材用に撮影したスチール写真である。パンフと違い非売品だから、そりゃ怪獣好きとしては堪らない。僕はその日、六枚のロビーカードを受け取り、有頂天になった。

それが今回紹介するお宝なのだが、背表紙に「エロスチール」とタイトルされたファイルブックも見てほしい。

タイトル文字は僕が書いたもの。

小学生の頃、映画館で味を占めた経験が忘れられず、大人になってからせっせとポルノ映画館に通って、「上映終了後、コレ、いただけませんか？」と、ロビーカードをもらう交渉をし続けてきたのである。

このファイルの中には、ぎっちりそれが入っている。

時代を語る上で大変貴重な資料であるが、残念ながらファイルの中をお見せすることはできない。

047

国語辞典に貼ってもしっくりくる「団鬼六」の名前の切り抜き

うちの事務所の国語辞典はフツーのものとちょっと違う。監修者が団鬼六さんになっている。いや、正確には〝団鬼六〟という文字を辞典の函《はこ》に貼り付けている。

〝団鬼六〟という字ズラを僕は、今では考えられないことだが、大衆浴場の脱衣所で知った。それは日活ロマンポルノのポスターに書かれた原作者の名前だった。

たまに父親と銭湯に行くのが楽しみだった小学生時代。いやらしいポスターの絵柄を頭に焼き付けて家まで持ち帰る癖を付けた。同時に〝団鬼六〟という字ズラも脳裏に焼き付いた。

僕は当初、ポルノ界で大層有名な監督名だと思い込んでた。

ある日、学校の帰り道、友達が得意気に、

「お前、だんきろくって知ってるけ?」

と、聞いてきたことがあった。どうやらそいつも同じ銭湯に通っていたようだ。

後にそれは〝だんおにろく〟の読み間違いだったと気付くのだが、団さんの原作はどれもＳＭ映画であった。

作品の世界観が、まさしくその名前の三文字に刻まれてるような気がした。

こんな仕事に就いてから（どんな？　と聞かれちゃ困るが）、何度か団さんに会う機会を得た。和服姿でとてもダンディなお方だった。

新明解国語辞典
第五版
二色刷
団鬼六
日本で一番売れている話題の国語辞典！
大改訂新発売
三省堂
同じ内容の「赤箱」と「白箱（特装版）」を用意しました。
2色刷

「団鬼六」の名前の切り抜きを始めたのは、それをとても似合わない本の表紙に置いてみるマイブームが到来したからだ。

うちの本棚からいろんなジャンルの本を取り出し試してみたが、『新明解国語辞典』が一番しっくりきた。

まるでＳＭ用語が網羅されてるように思えてくる（思えない？）。

048

半世紀近く大切に保管ストリップショーの割引券

この特別割引券は、七〇年代半ばに入手した京都にある有名なストリップ劇場のものである。

当時、高校生だった僕は友達から初めてストリップショーに誘われたのである。

「割引券あるし、行かへんけ？」

と、やたら軽い口調で言ってきたので、僕は最初、てっきり餃子の王将の割引券のことだと思った。しかし、予想は大きく外れた。ストリップかよ⁉　ポルノ映画をこっそり見に行くのとはレベルが違う。僕にはハードルが高すぎた。

「やめとくわ」

ビビりながら断ったら、友達は、

「お前はやっぱ、甘やかされて育ったボンボンやから仕方ないよな」

と、吐き捨てるように言うではないか。

「それとこれは関係あらへんやろ！」

僕も少しムキになって返すと、今度は、

「ストリップも行けへんような奴は男として失格じゃ」

と、強い口調で言うのだった。何だかよく分からない理論だが、要するに友達は、僕の勇気のなさを貶《けな》しているのだ。

「割引券やるから、じっくり家で考えろや」

たぶん友達はひとりで行ったんだろう。今では悪い気さえしてる。

そんな青春のトクトクきっぷ。もとい、ストリップ劇場のトクトク割引券。

半世紀近く大切に残しているのだ。

049
憧れのパイレコ
LPレコード『恍惚のテナー・サックス』

高校時代、親からもらうお小遣いは二〇〇〇円だった。

映画料金が当時、一〇〇〇円くらいか。映画館からの帰り道、立ち寄ったレコード屋でサントラのシングルレコード（五〇〇円くらい）を一枚買うとその月は少ししかお金が残らない。

それもちゃんとしたサントラ盤ならいいけど、サウンド・トラックとは名ばかりで全く知らない楽団による演奏ってやつもたくさん摑まされたものだ。

それでもどうにか好きになるまで必死で聞くしかないわけで。

ある日、クラスの友達が学校に〝パイレコ〟を持ってきた。パイレコというのは、言わずもがなオッパイが写っているレコードジャケットのことである。

うちは男子校だったので、それに吸い寄せられるように集まってきてクラス中が大騒ぎ。

「スゲー！　スゲー！」を連発した。誰かが、

「どんな内容のレコードやねん？」
と、聞くと、そいつは、
「とにかくスゴい」
と、ニヤけた顔で言うだけだった。
「なぁ、オレの『レッド・ツェッペリンII』と交換せーへんか？」

そう言うのも分かる。ロックよりオッパイだから。

「交換してもええけど」

あっさり交換するのもよく分からなかった。

僕は上京してから中古盤屋の片隅でそのパイレコに再会した。

今回紹介するこれである。ドキドキしながら聞いたが、同時に〝し、しまった！〟と思った。

何のことはないムード音楽が延々と流れるレコードだったのだ。

050

プロの喘ぎ声入り！
CD『悶えの部屋』谷ナオミ&『愛の奴隷』麻吹淳子

上京して、二度目の引っ越し。共同便所の四畳半アパートに住んだ。もちろん風呂なしだ。隣の部屋との壁は薄く、互いの生活音が筒抜けだった。

〝ア〜〜ン〟、夜になると時折、漏れ聞こえてくる喘ぎ声。隣の住人、予想では水商売の女性とみた。

僕は流し台のある壁のほうに行き、耳をそば立てる。

〝イクゥ〜〜〟、これが出たらエンディングが近い。これも毎度のこと。しばらくすると、ボソボソと何やら会話を始めるのだ。会社でどうしたとか、お店でどうしたとか、つまらない話ばっかり。

ドアが開く音に続いて、「気を付けて帰ってね」と、女性の声。薄壁探偵としては当然、二人が不倫関係にあると睨んでた。でも、そんなことはどうでもいい。今度、いつ〝ア〜〜ン〟が出るか知りたい。分かればその夜は極力、外出を控えるつもり。

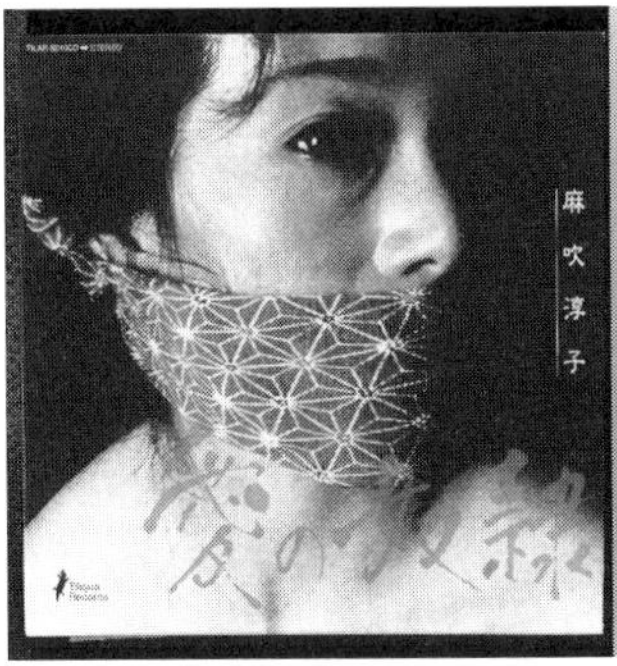

カノジョもねぇ、金もねぇ、ＡＶビデオもまだ出てねぇ、そんな時代にあって、唯一の楽しみだったから……。

今回紹介するのは、当時の喘ぎ声を伝える貴重な音源（写真は後にＣＤ化されたもの）。

オリジナルのレコードは、二枚とも僕が上京して数年後に発売されている。どうやら喘ぎ声はちょっとしたブームだったみたいだ。

谷ナオミさんは日活ロマンポルノの、その名も高き「ＳＭの女王」。麻吹淳子さんはその二代目である。

比較しちゃ隣の住人に悪いけど、やっぱプロの喘ぎ声は格別だ。逆に言うと、それは演技上の喘ぎ声だったからグッときたのかも。

でも、それがロマンというもの。

このＣＤを聞くと同時に、隣の住人のことも思い出す。

051

初めての混浴温泉でつい購入
酸ケ湯温泉マグネット

〝がっつり隠すか、見えない程度に隠すか、はなから隠す気はなく丸出しか〟

これが何を言わんとしているか？

賢明な読者ならお分かりになるだろう。大衆浴場、または温泉などに入る時の心づもりである。特に、男性の場合、ブランと垂れ下がったものをタオルで隠して入るか否かは、その人物の年齢や品格に依るところが大きい。

いや、この〝大きい〟は、意味は違うが、そのものの大きい、小さいを気にしてタオルで隠すか否かを決める者がほとんどだ。

何にせよ、その珍意識過剰が男の一生というもの。

最初にそれが訪れるのは小学校の修学旅行。自分はその時、どうしたか？ 流石に記憶はないが、たぶん、がっつり隠していたと思う。理由は、珍表会になることを恐れてだ。「お前、まだ毛、生えてないんか」などと、言われるのも嫌だ。ここはやっぱり浴槽以外ではがっつり隠すのがいい。

見えない程度に隠す。これは童貞喪失以降のテクニックと思われる。たとえば、大学時代、友人たちと旅行に出掛けた際、大浴場でがっつり隠しているようでは、逆に変に思われる。中には、「お前、何か水臭いやないけー」と、言ってくる輩もいる。俺らはもう、親友なんだからという理由で。だから、そこは見えない程度に隠すくらいが程よい。

じゃ、最後のはなから隠す気がない状態は、いつ頃からくるものだろうか？　浴室でのモロ出しは恋愛関係にある者たちだけのものであってほしいと僕は思っている。

じゃ、混浴温泉ではどうか？　男風呂ではモロ出しの大先輩も、お隠しになるのだろうか……。

そんなことを思いながら行った酸ヶ湯温泉。初の混浴温泉体験である。今回紹介するのは、そこの売店で見つけた冷マ。つい買ってしまったのだが、これを冷蔵庫に貼るのは如何なものか？

052

名刺ホルダーに入れて大切に保管 フランス書院文庫のテレカ

旅の時、駅のキヨスクで買うものといったら、フランス書院文庫って時代があった。新幹線を利用しての長旅ともなると、その行き帰りに二冊は読める。

本来なら仕事の下調べなど、もっと大人として有効な時間の使い方をすればいいのだが、せっかくのひとり旅である。普段は松本清張の小説以外ほとんど読まない僕だが、キヨスクの本棚から取り分けパンチのあるタイトルをセレクト。弁当とお茶を一緒に買ってワクワク気分で新幹線に乗り込む。

当然、それらの文庫本のカバーは外して、さも小難しい本を読んでいるように装っているつもりだが、読み始めると夢中になってつい股間を膨らませてしまうこともある。仕事の相手先から送ってもらった切符がグリーン車の場合、隣の席にはめったに人は来ないが、決まって横浜を過ぎたあたりに車掌さんがメンズエステの広告の入ったおしぼりを渡しに来る。その状態のままではとても恥ずかしい思いをする。

〝イャ……ン　ヒィーッ！〟

声に出して読み上げているわけじゃない。もちろん黙読ではあるが、とても後ろメタファー。そんな時、

「ご乗車、ありがとうございます」

と、声を掛けられ気が動転してるようではアウト。「アウト老《ロー》」である。

今回の収集品は、そんなフランス書院文庫の〝新井田孝イラストシリーズ〟と銘打たれたテレカだ。

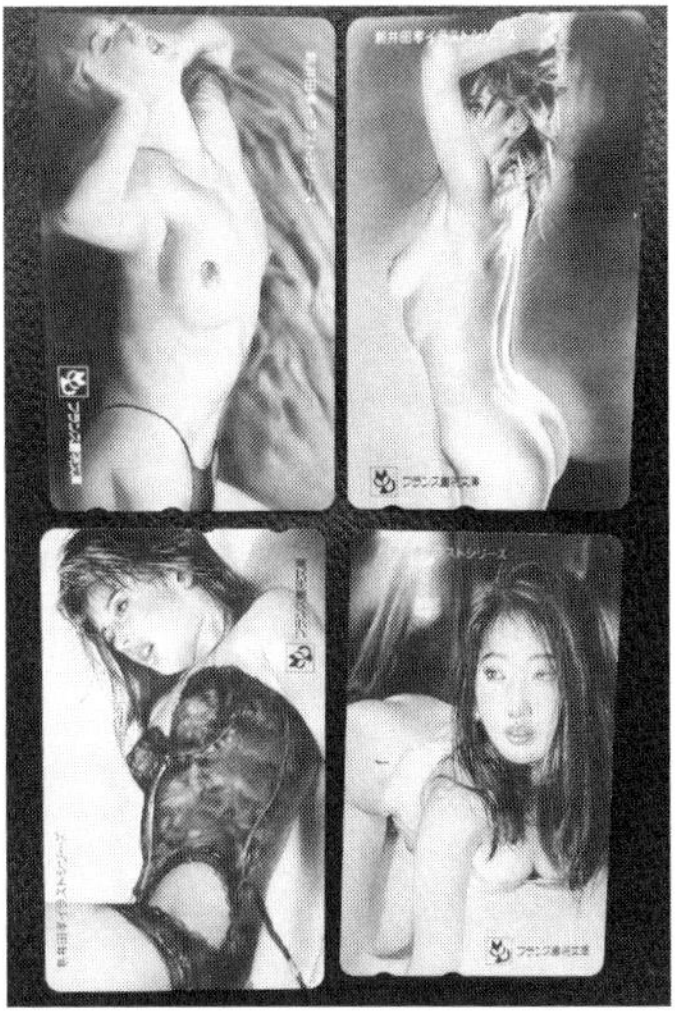

これを古本屋の片隅で見つけ、つい四枚も買ってしまった。

使用することもなく、ずっと名刺ホルダーに入れて保存している。

053

そのものズバリ〝亀の頭〟スッポンのフィギュア

もちろんスッポンは自ら「吾輩はスッポンである」と、名乗ったことはない。人間が勝手に「スッポンって感じだろ」と、名付けたのだ。でもこれが首長亀とか、そんな単純な名称であれば、僕は今回紹介するスッポンのフィギュアを買わなかっただろう。

それが証拠に、他の亀グッズは持っていない。

「しかし、何だな、似てるな」

スッポンを語る時（が、あるかどうかは分からないが）、必ずと言っていいほど、男の口からこのセリフが出る。

亀の頭と書いて、キトー！

どちらが初出なのかは知らないけれど、同種と言ってもいいモノを持ち合わせているからである。

それでは亀があまりにも気の毒である。

「わしら、〝男性器頭〟なんて言われてんだぞ！　いい加減にしろよな、人間」

と、亀だって言い返したいだろう。

「だったら、人間の亀頭には脳ミソがあるっていうのかい？」

　亀に聞かれたらグゥの音も出ない。

　せめて、人間のこの部位にも小さな脳があれば、いろんな悩みが回避されたかもしれない。いや、もっと性をこじらせることになるか？

　よく男の言い訳として、

「オレじゃないって、コイツの責任なんだから」

と、己れの亀頭に煩悩を押し付けることがある。しかし、いつもパートナーから、

「バカじゃないの！」

と一喝される。

　ま、スッポンからしてみれば、どーでもいい話だけどね。

054 いやぁーお世話になりました菊池えり作品

グループサウンズのザ・スパイダース。解散後、そのメンバーだった井上順さんが『お世話になりました』という歌をヒットさせた。僕が青春をこじらせ始めた中学生の頃だ。今でもたまに口ずさんでしまう大好きな曲である。

しかし僕の場合、歌詞に出てくる下宿屋のおばさんに対して感謝の言葉を伝えたいわけじゃない。

本当に長い間お世話になったのは、菊池えりさんというお方。

感謝の意味は同じだけど、かなり照れ臭さが伴う「お世話になりました」なのだ。

AVアイドルの先駆けだった菊池えりさん。それ以前の比野由美子と名乗ってらっしゃった頃からのファンである。

「いやぁ、私もね、八〇年代は随分、お世話になったクチでしてね。私の場合は彼女が秋本麻衣と名乗ってた頃からのファンです」

そんなもっとスゴい人までいると聞く。

「やっぱ、かつて一度でもお世話になった品って、そう易々とは捨てられませんな」

たぶんその方も僕と同じことを言うだろう。

VHS時代のものからDVD、それに今回紹介する彼女の写真集（当時の名前表記はカタカナ）。

「お世話になりました」ではなく、まだまだ、お世話になりたいと思ってる。

何十年も前のことだけど、一度、菊池えりさんがママを務めるバーにお伺いしたことがある。その時、嬉しさ余って、

「お世話になってます！」

と、言ってしまった。

えりさんはそのポッテリとした唇を開き、「ありがとうございます」と、おっしゃった。

『お世話になりました』作詞：山上路夫　作曲：筒美京平

055

福原秀美の漫画

〝学園ギャグポルノ〟を確立

八〇年代、メジャー漫画誌『ヤングマガジン』で、『見ぐるしいほど愛されたい』という漫画の連載を始めた。同時期に連載されていたのは、大友克洋さんの『AKIRA』や、きうちかずひろさんの『ビー・バップ・ハイスクール』といった大人気漫画。

当時、僕のキャッチフレーズは、〝ニュー・ウェーブ漫画家〟だった。これは担当編集者が付けたものだ。メジャー漫画誌にあるまじき、絵がヘタで、話の内容もよく分からないといった意味で付けられたものだったと思う。

単行本がようやく一冊出たが、読者の反応もよろしくなかったんだろう、それで連載は終わった。

また元のマイナー漫画家に戻ったわけだけど、描きたいテーマはたくさんあった。

その一つがエロ漫画。しかし、僕のつたない画力では読者の股間を奮い勃たせるものは描けない。

そこで考えたのは〝ギャグエロ漫画〟ってジャンルだ。情熱と滑稽の間にあるものを描いてみたいと思ったのだが、やっぱりやめた。

それは、〝学園ギャグポルノ〟というジャンルを確立した漫画家・福原秀美さんの大ファンだったからである。絵が上手い方の描くギャグポルノには到底敵わないと思った。

福原作品の大概の冒頭は、セーラー服姿の女子高生が草原を歩いているところから始まる。そのマンネリがまた、最高なのだ。すると向こうから〝美しく実物大〟などと黒ベタ白抜きの筆文字で書かれた（その内容はかなりバリエーション有）男根シルエットを差し出してくるオッサンが登場する。

文字だと面白さがうまく伝わらないけど、吉本新喜劇的ルーティン・ギャグの連続なのだ。

今回紹介するのは、そんな福原さんの漫画。どう？　読みたくなったでしょ。

056
お尻の魅力が分かってこそ一人前？お尻が震えるポストカード

「歳を取るとオッパイより断然、お尻のほうにグッとくる」って、そんな話。僕は一体、いつ、誰から聞いたんだろう？　そんなことを言いそうな容疑者を何人か思い浮かべてみた。あの人だ。僕より歳上の。

「でも、やっぱ、オッパイには勝てないんじゃないですかねえ」

僕はたぶん、その話を聞かされた時、こう返したはずだ。

「そう思うのは、お前がまだ若いからだよ」

「そういうもんスかねぇー」

でも、そんな話、どうでもよかったので適当な返事をすると、その人は「おい、ちゃんと聞けよ。お尻の魅力ってのはさぁー」と、説教モードに入ったんだ。その人は酒が入ると、何かと絡んでくる癖があった。

酒の席では気を付けなきゃなんないと思ってたのだが。

「いや、先輩の言うことだし、正しいと思いますけど」

と、必死でその場を繕うと、

「お前に何が分かるか。まだ、乳離れもしてないくせに」

話がどんどんエスカレートしていった。ここは平謝りして、違う話題に切り替えるのが賢明だが、先輩の講義は居酒屋を出るまで続いた。

思えばあれから三十年以上も時が流れた。

今回の収集品はハワイの土産物屋で買ったポストカードである。
二つ折りで、中を開けるとカクテルを手に持つ女性の写真があり、何とそのお尻が内蔵したバイブ機能でブルブル震えるという仕掛け。
何度も試したので今では電池切れ。
あの先輩は今、どうしておられるのだろう。

057

実は四猿だった？「おこなわざる」の木彫り

〝三猿〟というものがある。

いわゆる「見ざる」「聞かざる」「言わざる」の、語呂合わせから集められたモンキーズのことだが、どうやら三猿発祥の地は日本ではないとする説が有力のようである。

じゃ、その〝〇〇ざる〟の部分はどう解釈すればいいかってことだけど、中国の『論語』に「礼にあらざれば視ることなかれ、礼にあらざれば聴くことなかれ、礼にあらざれば言うことなかれ、礼にあらざれば動くことなかれ」という一節があり、その教えがたぶん〇〇ざるのルーツであろうと思われる。でも、それでは〝四猿〟ってことになる。どうして最後の一匹、「礼にはずれたことはおこなわないことだ」を意味する「おこなわざる」が日本では端折られてしまったか？

〝ミザル　キカザル　イワザル　オコナワザル♬〟

ラップとしても悪くないのに、どうしてか？　そこで考えられるのは猿のポーズだ。目を手で覆う、耳を手で塞ぐ、口を手で隠す、ときて、おこなわざるの場合、手で何を覆い、おこなわざるとするのか？　そこが猿の彫刻を作る上で一番、重要なポイントだったのだろう。顔のパーツの中で残っているのは鼻だけだが、それでは「嗅がざる」。おこなわざるの意味が全く伝わらない。

「もっといい手はないのか？」

新メンバーの加入が危ぶまれた時、誰かが、

「じゃ、ここを手で覆うのはどうでっしゃろ？」

と、その場でやってみせたのかな？

それが今回紹介する品である。照れ隠しのために笑っているように見える四猿目。

手は確実に、股間を覆っている。いや、握っているように見える。何を「おこなわざる」というのか。

やはりヤングモンキー、その行為を何度見つかり親猿に叱られたのだろう。

058

〝抜く〟といえば瓶と……男性のシンボル栓抜き

困るよなぁー、こういう形状の栓抜き。

この毒々しいペイントもDS（どうかしてる）。キッチンに置いたら目立ちすぎるじゃないか。

これら変な栓抜きを「ヘンヌキ」と呼び、集めてはいるけれど、こればっかりはどこで買ったのか覚えがない。長い間、仕事場の本棚の隅に放置してあるが、当然、栓抜きとして使ったことは一度もない。

たぶん、知り合いの誰かが、

〝きっと、喜ぶに違いない〟

と、思ってくれたものだろう。

久々に手に取り、じっくり見たら、思い出した。

コレ、宮藤官九郎さんがくれたハワイ土産じゃなかったっけ？

文藝春秋の新刊

6

2024

「六月の庭」©大高郁子

◆発売日、定価は変更になる場合があります。
表示した価格は定価です。消費税は含まれています。

●若き桂冠詩人、初の詩集が待望の邦訳

わたしたちの担うもの

アマンダ・ゴーマン　鴻巣友季子訳

3年前、大統領就任式で世界を驚かせた若き桂冠詩人。パンデミックと分断の日々を尖りまくった表現で描き出す、驚愕の作品集が登場

◆6月26日
3245円
391866-2

●幸せなカップルに忍び寄る影……。古墳研究会新メンバーの正体は!?

やまとは恋のまほろば 7

浜谷みお

初めての彼氏と幸せな日々を送るぽっちゃり女子・穂乃香だが……。古墳研究会に新メンバー加入で、穏やかな日々に波乱の予感——!?

コミック
◆6月21日
792円
090175-9

●新たな友情が見つかる、第2巻!

佐々田は友達 2

スタニング沢村

高校2年生の佐々田絵美。少しずつ自分の願望が明らかになってきて……。いつか「おじさん」になりたい〝私〟の、自分探しの物語

コミック
◆6月20日
792円
090176-6

●いつだって、彼は無責任

逃げるA

坂井恵理

マッチングアプリを楽しんでいる29歳の編集者・あやか。一番良い〝物件〟と思っていた安藤という男性は、避妊すらしようとせず……

コミック
◆6月20日
803円
090177-3

6月の新刊〉

発売

曹操に愛された、知られざる名将たち

三国志名臣列伝 魏篇

宮城谷昌光

803円
792225-2

若き総理候補が誰かの操り人形だったら？　人の心の闇に迫るミステリー

笑うマトリョーシカ

早見和真

968円
792226-9

陰謀の陰に老中が!?　傑作時代エンターテインメント第3弾！

今を時めく警察小説の書き手が紡ぐ、傑作短篇集第2弾！

戸惑いの捜査線

警察小説アンソロジー

佐々木譲 乃南アサ 松嶋智左 大山誠一郎
長岡弘樹 櫛木理宇 今野敏

880円
792230-6

こんな美しい日に、私は息子を殺すのだ

夜叉の都

伊東潤

1100円
792232-0

元風烈廻りの与力が活躍する好評シリーズ第10弾！

武士の流儀（十）

稲葉稔

858円
792233-7

葉室麟、絶賛！「島原の乱」開戦前夜

地上の星

村木嵐

825円
792234-4

ファンタジーの新鋭誕生！　松本清張賞受賞作

凍る草原に絵は溶ける

957円
92235-1

「いらないなら捨ててください」

と、その時、言ってたような気さえする。

捨ててないよ。こうしてネタに使わせていただいたんだから。

で、ね。再び思うんだけど、どうして男性のシンボルを栓抜きにしたんだろうかね？

今じゃ、ビールもジュースもほとんどがプルトップでしょ。抜くっていえば瓶もの限定。

いや待てよ。さてはコレ、「ヌク」とかけてんの？

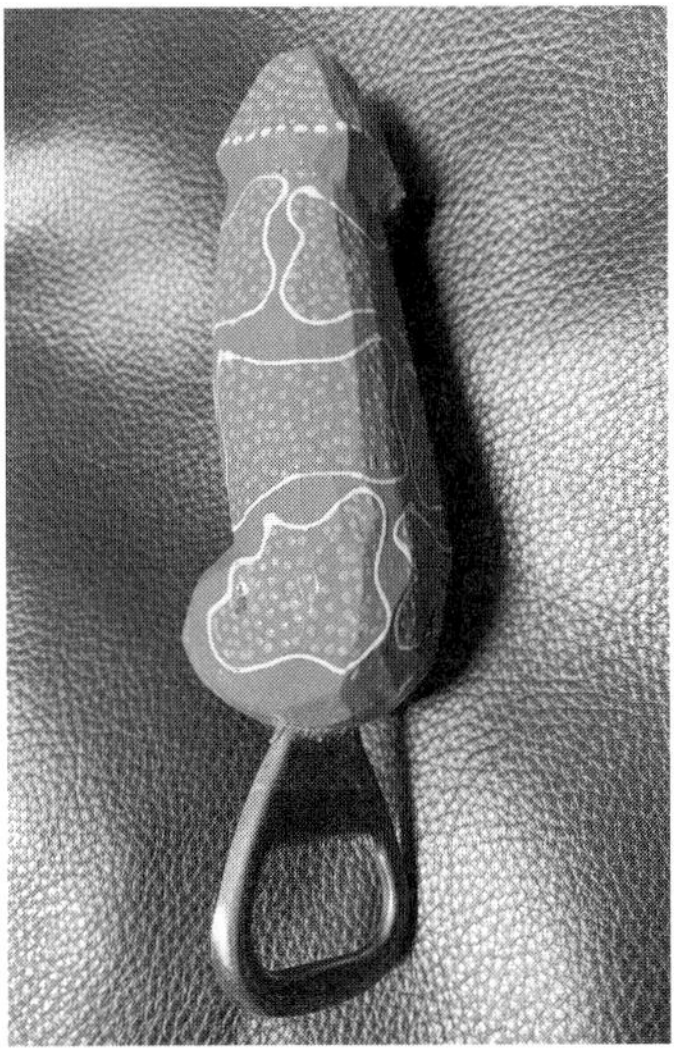

この栓抜き、ダブル・ミーニングだったりしてね。
ハワイ土産であろうが、そのセンスは未だ万国共通なのかねぇ？　宮藤さん、そこんとこ、どう思う？

059

ホテルに響く券売機の音
ＡＶチャンネルの番組表

今回紹介する品は、まだオンデマンド配信になる前のなつかしＡＶチャンネルの番組表である。

九〇年代、仕事でよく地方のビジネスホテルに泊まっていた僕は、夜中、千円札を握り締め、部屋を抜け出してはある階のエレベーター脇に設置された券売機に向かったものだ。

ＡＶチャンネルを見るためには、そこで売ってるプリペイドカードというものを入手しなければならないのだが、千円札を差し込んだ瞬間、静まり返った廊下に〝ピピピーッ！〟という結構大きめの音が響き渡る。

〝誰しもがこっそり買いに来てんだから、もう少し小さくならぬものか〟

と、毎度思いながらプリペイドカードを手に早足で部屋に戻り、テレビ下のビデオデッキにそれを差し込む。

はやる気持ちを敢えて抑えるのも僕の手口だ。ＡＶを流しっぱで、風呂の湯を溜める。もう、朝まで見放題なわけだから余裕で風呂に入ったりもする。その時、ユニットバスのドアは開け放したまま。遠くで喘ぎ声を聞きながら——。

先に風呂に入るのはＡＶといえど、それが礼儀だと思うから。

バスタオルで体を拭き、ようやくベッドの端に腰掛ける。

さらに余裕をかまし、テレビの横に置いてあるこの番組表をチェックするのだが、一向に好みの映像が出てこないことに少しイラ立つ。飛ばし見ができないこのシステムはどうにかならぬものかと、これも毎度、機器の進化を願ったものだ。

最悪なのは、同じ月に同じホテルに泊まった場合。ＡＶメニューは月替わりなので、同じ番組を同じ気持ちで見なければならないという苦行。

何枚かホテルから持ち帰った番組表。今では民俗学的には貴重な資料だと思うのだが。

060

もはや文化財？
AVのパッケージから抜き取った紙シート

今回紹介するのは、お寺の屋根を少し俯瞰気味に撮ったものではない。

分かりますよね？

これはDVDのパッケージから抜き取った紙のシートを、積み重ねたものである。しかもコレ、全部AVのシート。

何でも配信で見られる時代に於いて、こんな光景はもはや文化財と言えるだろう。よく考えてみてほしい。この紙のシートが何故こんなにあるか？

それはレンタルじゃなくセル用だからだ。実はこれ以外にも仕事場には屋根状AVシートが存在する。DVD以前のVHS、レーザーディスクに至るまで僕の場合、基本セル。かなりの大枚をこれに叩《はた》いてきたことになる。

当然、それらを収納している棚もパンパンだ。段ボール箱に入れ、貸し倉庫に積み上げてある。流石に嵩張って仕方ない。

そこで、パッケージを断腸の思いで捨て、中からシートを抜き取る作業を始めたのだが、それに二週間は費やした。

そんな矢先、リリー・フランキーさんから仕事場に届けものがあった。ズッシリと重い紙袋を開いてみると何と、屋根状ＡＶシートじゃないか！

〝収納に困りパッケージから抜いたもの。お納めください〟

と、手紙が添えられていた。

うちはＡＶシートの墓場ではないから！

と、思いつつ、一枚一枚チェックし時間を潰す。

この屋根状ＡＶシート、展覧会の会場に置くと、現代美術に見えるかもしれない。

061

どこに貼るのか自分でも疑問
ボンデージ・ヌード・カレンダー

実際には使用しないカレンダーを毎年、買っていたことがある。

今回紹介するのは、その中のひとつ、〝ボンデージ・ヌード・カレンダー〟というものだ。

アダルトショップならまだしも、大型書店の特設カレンダーコーナーに並んでいた時代の賜物である。

かと言って、人目に付くところに堂々と並んでいたわけじゃない。コーナーの壁に吊り下がり、束になったグラドルのカレンダーの一番奥にひっそりと息づいていたのだ。

でも、蛇の道は蛇。マニアは必ずそれを掘り当てる。そして毎度、〝こんなもんどこの壁に貼るねんなー〟と、自らにツッ込みを入れる。

壁に掛かったサンプルでその存在を確認すると、床置きした段ボール箱に詰め込まれた筒状の新品カレンダーを、商品名のシールを確かめながら探し出す。

あくまでマニア向けなので数は少ない。年をまたぐと買えない時もある。だから発掘は年末に限る。

それを一本抜き取って、後はレジに運ぶだけなのだが、当然、店員はそれが一般的なカレンダーじゃないことは百も承知。

〝この人、変態だわ〟

と、思われるのも何なので、素早くお金を出す。

ようやく手に入れたカレンダーは、先にも述べたように貼る壁などない。一度くらいは中身を確認するが、結局は筒状に戻して部屋の隅に立て掛けておく。

それが何本も溜まっているわけで。

これもまた、ある時代を語る上で貴重な資料となることは間違いない（と、僕は思っている）。

062

「鰭」の読み方は？
エロを連想する漢字の湯呑み

寿司屋に行くと〝魚〟偏《へん》の漢字がズラーッと並んだ少し大きめの湯呑みを出されることがある。

『鯖』、コレはサバ、『鯛』、コレはタイだろ、などと思ってる内に注文した寿司が目の前に並ぶ。でも、何個かは読めてもそのほとんどは分からず仕舞い。

ま、今後、漢字の検定試験を受ける予定はないし、ましてや寿司職人を目指すつもりもない。腹いっぱいになってくると、漢字の読み方などどうでもよくなってきて、じゃ、お勘定となる。

いつか、寿司屋の大将が僕の隣に座ったカップルに向けて「魚偏に喜ぶと書いて、何て読むでしょう？」などと、ニヤけながら話し掛けていたことがあった。

「え？　分かんない。ねぇ、知ってる？」

彼女は愛想笑いを浮かべ、彼氏のほうを見た。ここは博識なところを披露したいところだろうが彼もさっぱり分からない様子。「ヒントあげましょうか？」と言って大将は「お二人とも大好きなことですよ、もう分かったでしょ？」と、さらにニヤけた。

それでピン！　ときたのか男は冗談っぽく「エッチ？」と答えたが、彼女は嫌そうな顔をした。「お客さん、違いますよ、キスですよ、キス！」と言って大将は大笑いした。その後二人は気まずそうに寿司を食い、店を出ていった。

今回紹介する湯呑みは、僕が考案したいやらしい意味にとれる漢字ばかり並べた湯呑みである。

『竿』『濡』『勃』『挿』『喘』『亀』『吸』『襞』『悶』……。

『週刊文春』の連載「人生エロエロ」の記念品として、二個だけ作ってもらったものだが、一個は高田文夫さんに進呈した。

「使い道ねぇよなァ」と言いながらも高田さんはとても嬉しそうだった。

063

女豹のポーズをキメたくて 豹柄の全身タイツ

とある動物園の豹のいる柵の前。僕はカメラを構え、例のポーズが出るのを今か、今かと待っていた。

例のポーズとは、豹でピィーンときた読者もおられるかもしれない。

そう、グラビア界でいうところの「女豹のポーズ」である。

もう少し、詳しく解説すると、膝をついて腕を大きく前方に伸ばした、いわゆる四つん這いの姿勢。見上げる目線とその妖艶な表情が重要なポイントである。しかし、豹のようなしなやかな肢体の持ち主に限られる。

かねてよりそのポーズには関心があったが、豹は実際にそのポーズを取るのか、一度じっくり観察したいと思ったのだ。

でも僕には、オスかメスかの区別もつかなくて、ただ豹にカメラを向けるだけ。しかも、クソ暑い夏の午後。豹たちもすこぶるダレていた。

木の上で寝てたり、どれも動く気配すらない。

ま、豹としてもカメラオヤジにサービスする気持ちなどさらさらないので仕方ない。

随分、その場でネバったが結局、例のポーズは出なかった。

さて、今回紹介する品は、〝おばあちゃんの原宿〟と呼ばれてる巣鴨地蔵通り商店街で見つけた豹柄の服である。

自らが豹となり、ポーズをキメてみればいいと思って購入した。

豹柄の服はいっぱい並んでいたが、より本物の豹を目指し、全身タイツのようなやつを選んだ。
写真を見てほしい。
女豹のポーズで撮らなかったのは、何だかバカらしくなったからである。

064

カバンに忍ばせ飲み屋へ
「変態」の文字の切り抜き

一時期、「変態」という文字を雑誌で見つけると、その部分だけ切り取って集めてたことがあった。

「なんで？」

と、聞かれると困るが、実は今も見つけると一応切って取っておいている。

「そんな文字、エロ本にしか載ってないだろ？」

と、聞かれるだろうが、昆虫などの本にも出てくる。そもそもサナギから虫になるのが変態というものだからだ。

その文字にはゴシック体もあれば明朝体もある。

しかし、メルヘンチックな書体が使われることは、ほぼない。

やはり、「変態」に一番マッチする究極の書体は筆文字だ。

昭和の邦画のみならず、〝洋ピン〟と呼ばれた作品の邦題に使われた「変態」は筆文字で書かれることが多かったからである。

人間は歳を取ると、つい歳下の者に説教を垂れてしまい、

〝何エラソーなことを……〟

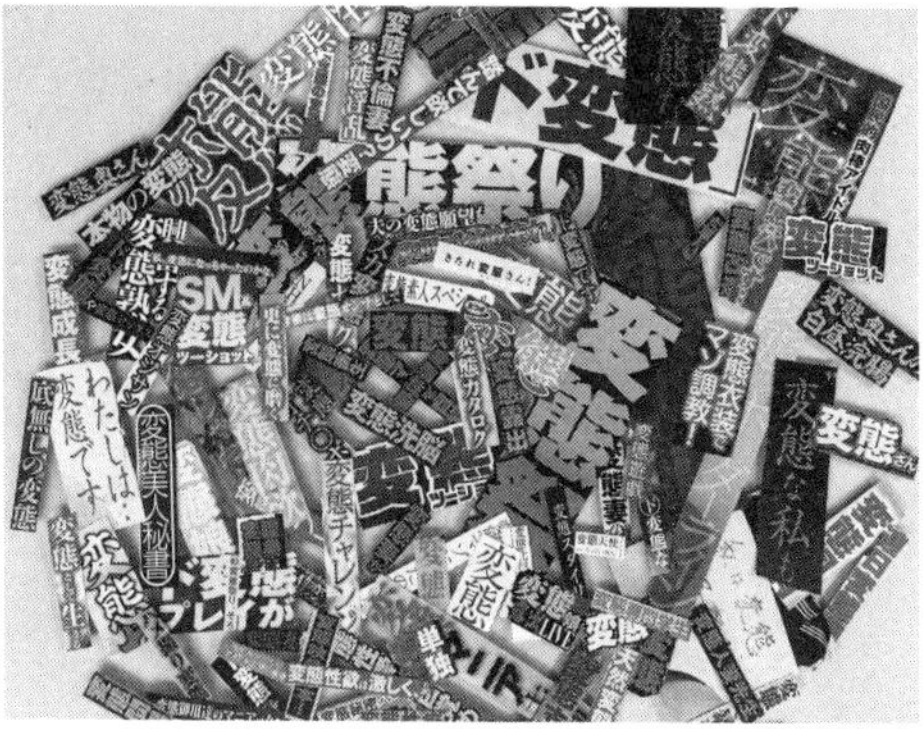

と、思われがちだ。それを回避するためにも、この「変態」の文字を忘れてはいけない。

先ほどの「なんで？」にようやく答えるが、僕はある時期、この切り抜きをカバンに入れ、飲み屋によく行っていた。そして、自らの口から説教が出そうになってきたと気付いた時、その「変態」の文字を額に貼ってみせる。

そうすることによって、相手は笑うだろうし、聞く耳を持たなくなる。

それでいいのだ。

実に効果的な利用法と思うが、皆さんはやってみる気ある？

065

変じゃない？　このポーズ
天橋立の股覗き木彫り人形

僕はいつも、できる限り実用性のないものを探している。

そりゃ、人間だもの。必需品は誰に勧められなくても買う。その一方で、この先もずっと必要ないだろうと強く感じるもの（〝いやげ物〟などの類い）を目の前にした時、俄然ハッスルしてしまう性分なのだ。

どうせ、最後には買うんだから何も店の中で悩んだりすることはない。今回紹介する股覗き木彫りもそのひとつである。

旅は始まったばかりだし、できる限り荷物は増やしたくないという気持ちもあるが、仕方がない。それが〝いやげ物ハンター〟の宿命だ。

それは土産物屋の棚の高い場所に置かれていた。

ここは、京都府宮津市の観光地、天橋立の近く。僕は関西テレビの『ＴＶ見仏記《けんぶつき》』というお寺巡りの番組のロケの途中だった。さっきから何度も局の人が、

「みうらさん、早くしてください。もう既にご住職がお待ちですから」

と、言いに来てる状況。

店の人は棚から降ろしてくれたが、

「これは売りもんやおませんから」

と、言った。しかしこの股覗きの人形はどうしても欲しい。自らの股から天橋立を覗くと天に伸びたように見えるというが、変じゃない？　このポーズ。しかも木彫りだ。

交渉した結果、

「二万でどうでっしゃろ？」

と、店の人は言った。

予想より高額だったが、仕方ない。払って店を出た。

そしてずっしり重い紙袋を提げてロケの場所に小走りで向かったのだった。

066

諸事情で長年ソフトが出ていなかった怪猫ポルノのDVD

ホラー映画が昔から大好きで堪らないのは、見ている時は怖い目にあう側に感情移入こそすれど、あくまで他人事と思っているからだろうと思う。

〝よかった自分じゃなくて〟

すこぶる後味の悪い映画を見た時は、普段考えもしないのに幸せすら感じることがある。洋モノホラーもたくさん見てきたけど、気に入ったものはソフトを買う。だってパッケージも欲しいじゃない。

いわゆる〝怪談〟と呼ばれる和モノは、昭和の作品がほとんど。時代劇設定のものが近年撮られていないのはたぶん制作費がやたらかかるせいだろう。

かく言う僕もそんな怪談映画は、ほぼリアルタイムでは見ていない。しかし、それらのポスターが街に貼ってある光景を目撃してきた世代ではある。

『四谷怪談』、『牡丹灯籠』、『雪女』と、もはや伝統芸能のような作品の中に混じって貼られていた化け猫映画のポスターは、特に僕のハートを打った。

今回紹介するものは東映ポルノの一作である。

化け猫女優として一世を風靡したのは、入江たか子さんだが、この作品には入江さんではなく谷ナオミさんが主演されている。

今ではタイトルに問題があり、たぶんそれが理由で長い間ソフトが発売されてなかった。

でも遂に出たァー!

化け猫DVDコレクターとしては持っておくべき品である。

067

観光ガイドブックには取り上げられない性にまつわる像の本

この手の本は、大概、古本屋にあり。

新刊をあまり見ないのは、出版社も〝出しても売れない〟と思っているからだろう。その理屈から言うと、昭和にはこの手の本がバカスカ売れていたということになる。実際、今回紹介する本以外にも、僕は数冊、この手の本を持っている。

大概は性の遺物や性的崇拝の遺跡にまつわる内容。昔の日本はおおらかで、赤裸々だったと説くものだ。

図版は白黒と相場は決まってる。カラーページにするほどの予算がなかったか、チンコの形に似た〝陰陽石〟などわざわざカラーで刷る必要はないと判断したのであろう。

僕も今までに各地の陰陽石と呼ばれるものを見てきた。神話が色濃く残る土地にはよくあるものだが、フツーの観光ガイドブックには取り上げられていない。

陰陽石というのだから、陰と陽の対で表されている場所もある。言いにくいが、チンコだけではないということだ。人はソレの形状に似たものを見た時、困って「コレ、シャレにならんわ」と言いがちだ。

ある県で地元の人から、「あのシャレにならんもの、実は自然にそうなったもんやおまへんのや。昔、ここに住んどった者がその形に似せて彫りよったらしいんですわ」という話を耳にしたことがある。

確かにその巨大なチンコ石はよくできすぎていた。

そんなこともあるから、この手の本の前書きか後書きに書かれた、

〝私はこういった若干猥雑と取れるものこそが、真の民俗学と考えるのである〟

は、かなり疑わしい。

僕も『キャラ立ち民俗学』なる本を著しているので、そんなこと言える立場ではないけれど。

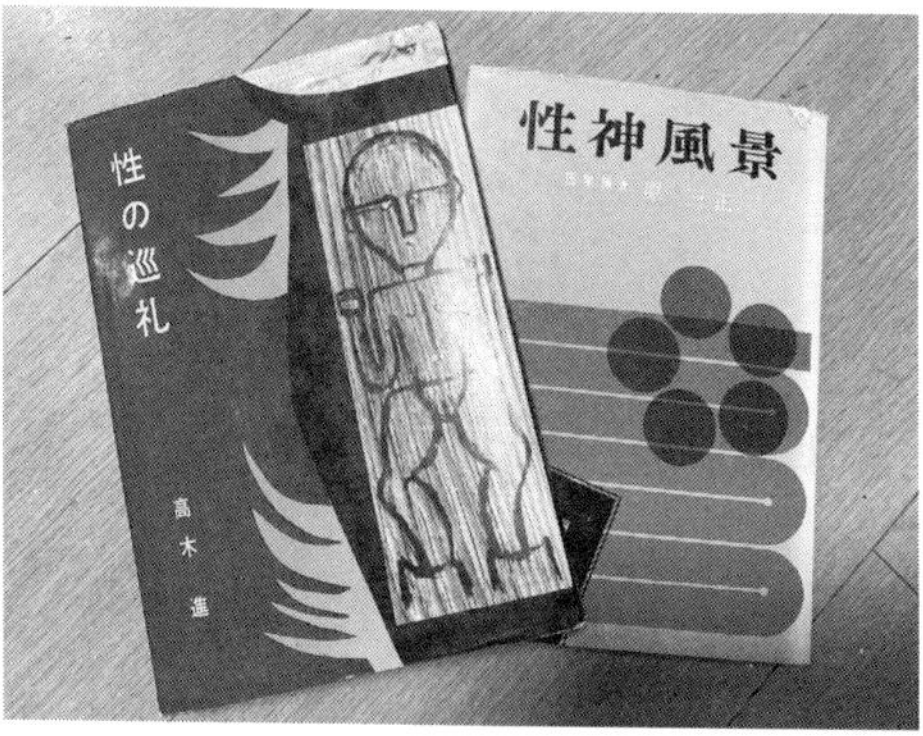

068

古本屋で見つけて声が出た『ビューティヌード集　池玲子　チコマリアンヌ』

今までに写真集はたくさん買ってきた。

怪獣写真集、仏像写真集、アイドル写真集、ロックミュージシャンの写真集、奇祭写真集などなど、何かに凝り出すと、写真集は絶対のアイテムとなる。見つけ次第、どんなに高価であれ、買うしかないのがマイルールだ。

しかし、まだ親からお小遣いをもらっている立場であった頃は、物欲しげに書店で見つめているだけだった。

いつかお小遣いが貯まったら……と、思いながら。

〝一期一会〟、そんな四字熟語の意味を思い知った写真集が、今回紹介する『ビューティヌード集　池玲子　チコマリアンヌ』。

モタモタしてる内に書店からなくなっていたからである。中学生にしたら高価な写真集だったことと、後ろメタファーがあったせいだ。見つけたのが家の近所の本屋であり、親の管轄内であった。書店のおばさんとうちの母は知り合いだったのだ。

SNSなどない時代だが、「純ちゃんが、この間、いやらしい写真集を買って帰らはった」などの噂は、すぐに近所に広まる。昭和のおばさんは基本おしゃべりだ。一冊しか書店に置いてなかったことも、一期一会には大きかった。

その写真集は、二人のヌードで構成されたものだが、表紙を飾る池玲子さんが当然メインである。

僕が初めて見た東映ポルノ映画『女番長ブルース　牝蜂の逆襲』で主役だった池さん。そのグラマラスな肢体は未だ、頭に焼き付いて離れない。
だから、上京後、神田の古本屋でこの写真集と再会した時は思わず「やった！」と声が出た。
できることなら、将来、僕の棺桶に入れてほしいと思っている。

069 AV好きで知らぬ者はいない研究本『例のプール』

上京し、こんな仕事に就いてから、仕事場は八回引っ越しした。

その中で一番部屋が広かったのは、今回紹介する『例のプール』があるマンションだった。外観も何だかドラキュラ城みたいで、来客からもよく、

「スゴいところに引っ越しましたねぇ」

と、言われたもんだ。

バブリーなエントランス、その脇にエレベーターがあるのだが、普段使っているそれとは別にもう一つ、屋上階に通じる専用エレベーターが並んでいた。

入った当初は、大金持ちの住む特別ルームがあるのだろうくらいに思っていたが、そうじゃない様子。何度か撮影機材のようなものを運ぶ人が利用しているところを目撃したからだ。

〝なるほど、レンタルスタジオな〟

確かに、そのエレベーターに数人の若い女性が乗り込んでいくところも見ている。

「ここって、ＡＶで有名なプールのあるところですよねぇ」

ある日、仕事場に打ち合わせでやって来た編集者にそんなことを言われ、驚いた。しかも、ＡＶ愛好家では知らぬ者がいないほど有名なプールらしい。

「てっきりわざとここに引っ越したのかと思ってましたよ」

編集者はそう言って笑い、後日、例のプールが出てくるＡＶをたくさん見せてくれた。

〝灯台もと暗し〟とはこのことである。

例のプール
例のプール研究会
男なら誰でも知っている!?
日本で最も有名な、あの
「例のプール」を
徹底的に大解剖!!
アスペクト

そのマンションにいた時期、やたら悶々としていたのは、これのせいだったのかも。

070

この形状だから買ったけど……
麻羅観音のお守り

お守りってやつも随分、買った。古来よりご神像として崇める存在だったとされる、それの数え方は「一個、二個」じゃなく、「一体、二体」というらしい。

じゃ、今回紹介するお守りはどうか？　本来なら「一本、二本」と数えるものでは？　そんな「麻羅観音」のお守り。

マラ（魔羅）とは、そもそも仏教用語〝māra〟の音写である。人の善事を妨げる悪神や魔王のことを指す。それが転じて、悟りの妨げとなる煩悩の意味となったわけだが、確かに男は生まれながらにしてその煩悩をブラ下げていると言っても過言ではあるまい。

このお守りには、二つの金の鈴が付いている。金にしたのは言わずもがな、これを含めての煩悩チームだと言いたいわけだ。むしろそちらがブレイン。若い頃はよくこのチームが暴走し、とことん悩ませてくれたものである。

麻羅観音は、山口県長門市俵山温泉の近くにある祠《ほこら》。僕は、その地に行った時、拝殿の前に立てられた看板を見て、旅テンションがガタ落ちした。要約するとこういう由来説明だった。

〝天文二十年、西日本最大の戦国大名が重臣の謀反によって自害するという変が起こり一族は逃れるため潜伏を余儀なくされた。末子はまだ幼く、発見されぬよう女装をさせられたという。この俵山で討ち取られた時、追っ手は男児である証拠の品としてその子の男性器を切り取って――〟

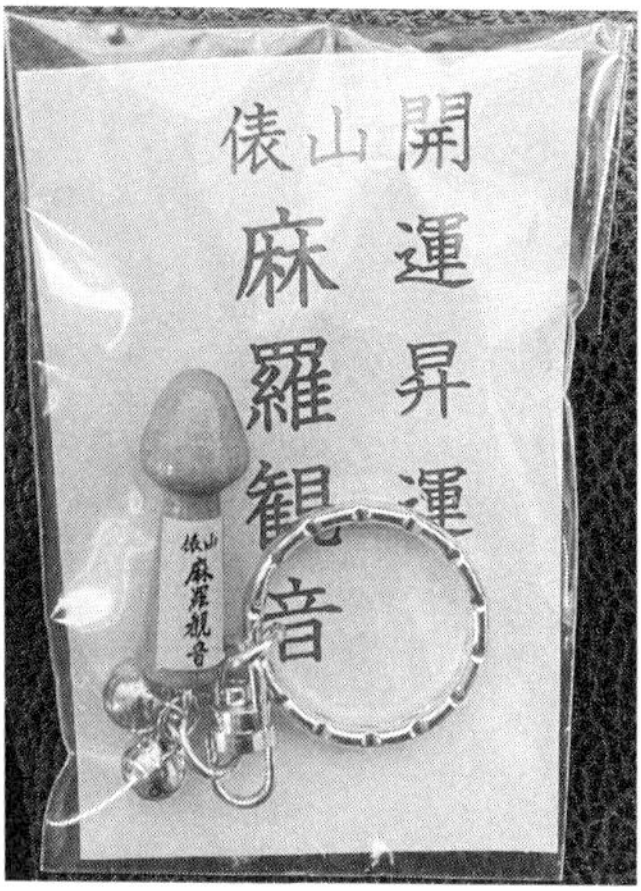

何と悲惨な出来事であろうか。

今、パワースポットと呼んで、そのご利益にあやかろうとする動きが盛んだが、元は怨霊の祟りを恐れ、鎮める目的で建立されたものが多い。

だから、願いごとはよーく考えた上でするべきなのだ。

どうか祟らないでください麻羅観音様。

そういう思いでこのお守りを買ったのである。

071

いやらしい意味かと思ったら……
写真集『邪鬼の性《さが》』&もちもち邪鬼ポーチ

小学五年生の時のルーティンは、学校から帰ると、ランドセルを置いてすぐに家の近所の本屋巡りに出掛けることだった。

主に、その前の年から突然、好きになった〝仏像〟に関する本を探し歩いていたのだが、三軒あった本屋は、どこも買い尽くして目新しいものはほとんどない。

それに僕はその頃本を読むのが大の苦手だったので、できる限りいっぱい写真が載ってる本を欲していた。

要するに仏像のアイドル写真集みたいな本である。

仕方なく、遠出して繁華街の本屋を見て回った。その時、発見したのが、今回紹介することの邪鬼だけのアイドル写真集『邪鬼の性』だ。

邪鬼とは、四天王像に踏まれている鬼のことをいう。仏法を犯す邪神として懲らしめられ、苦悶の表情をみせているのが特徴だ。

でも、その時気になったのはタイトルにある〝性〟の部分。

当然、性欲のほうを思ったからである。踏まれている姿は、マゾっぽい（そのSMの概念は後に知ることになるのだが）。だから、この写真集を本屋のレジに運んだ時、少なからず後ろメタファーがあったのだ。

それから半世紀以上も時が経ったが、それまでにいっぱい買った仏像本の中でも取り分け『邪鬼の性』には思い入れがある。この写真集がたぶん僕のマニア心に火をつけたからであろう。

数年前、そんな邪鬼の形を模したもちもちした触り心地のポーチを仏像の展覧会場で見つけ、購入した。

ようやく邪鬼ブームが来たと思ったんだけどね。

072

その呼び名でいいのか？

「エッチマン注意！」の看板写真

そもそも〝エッチ〟とは何か？

もはや、そんなことをわざわざ問う者もいなくなった。それほどエッチは一般名称となったからである。昭和のオッサンが得意気に言う「それは変態の頭文字なんやでぇー。ローマ字のアルファベットで考えてみな、ほら、Hやろが」は今じゃセクハラ、パワハラの類い。

でもそれくらいは知っておいてもいいだろう。

すなわち「エッチしない？」は「変態しない？」と、誘っていることなのだ。

「いや、俺はノーマルだから」と否定する輩もいるだろうが、何をもってノーマルと呼ぶか、そこも問題。

いわゆる動物は後背位を主として交わることを鑑みると、人間が〝正常〟と言って憚らない正常位は逆に変態位ということになる。

人間は二足歩行にそのスタイルを変更した時点で驕った思考を身に付けたのだ。後背位を認めたくなくて、その名称を〝バック〟と呼ぶようになったのではないだろうか？
じゃ、何が正常であり、何が変態なのか？
今回紹介するこの看板写真を見てほしい。

これはチカン多発地帯に立てられたものと予想する。だから、この場合のエッチとは、すなわち変態。しかも、〝マン〟が付いているので、変態男に注意をと促しているわけだ。
しかし、肝心な助詞「に」が抜けてる。これじゃ注意の矛先が違ってくる。
誰がエッチマンの呼称を考えたのかは知らないが、堂々としてる分、やっかいな看板といえる。
DPE店で焼いてもらったこの写真も、やっぱり捨てられない。

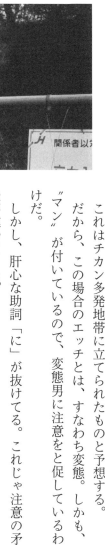

073

アダ名が「イカ」だった友人を思い出す
イカのフィギュア

とても視聴率が取れるとは思えなかったが、ある時期やたらくり返しテレビで放送されていた『ザ・ビースト　巨大イカの逆襲』というアメリカ映画。監督、ジェフ・ブレックナー、出演、ウィリアム・ピーターセン――なんていらぬ情報まで覚えてしまったじゃないか。ストーリーはそのタイトル通り、巨大なイカが逆襲してくるというパニックものだ。ラストは船を襲う巨大イカの上に、ヘリから油を撒き、こんがり焼き払う。ネタバレだけど、もういいでしょ？

毎度、見て思ったことは〝醬油も同時に撒きゃいいのに〟ということ。きっと海上にいい匂いが立ち上ったに違いない。

昔らかイカ好きだったし、数少ない僕の調理メニューのひとつはイカのショウガ焼きだ。当然、フィギュアまで集めてる。

しかし、生イカの臭いってやつは女子にはあまり評判がよろしくないらしい。

高校時代のクラスメイト（仮に〝T〟）のアダ名は「イカ」だった。絶えず生イカの臭いを漂わせていたからである。

僕らはTに「お前、ちゃんと風呂入ってるけ？」とか「パンツ、毎日替えてる？」などと、注意を促していたが、一向に生イカ臭さは消えなかった。

そんなTが大学卒業後、間もなく結婚。その披露宴に呼ばれた。お祝いスピーチが回ってきた時、指名を受けた友人が開口一番、「イカ、おめでとう！」と、かましたもんで、少し会場が騒《ざわ》ついた。もちろん新婦はそのアダ名の由来を知らない。「何でTさん、イカって呼ばれてるんですか？」と、二次会の席で僕らに聞いてきたので弱った。

「Tはイカが大好物やから」と、その場は誤魔化したのだが……。

しかし、どうか？　新婦は生イカ臭さは当然知った上で、わざと聞いてきたに違いないと思う。

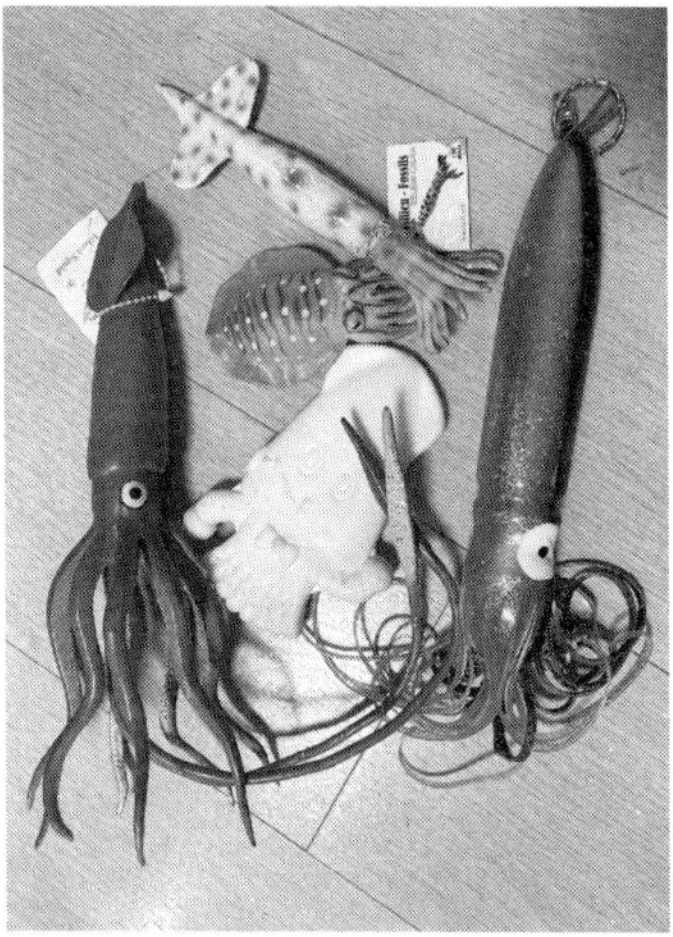

074

弥勒菩薩を意識してる？
サントラLP『エマニエル夫人』

今でも〝籐家具《とうかぐ》〟と聞くと、エマニエル夫人のことを思い出す。

しかし籐の椅子に座ってる夫人は、あくまで映画『エマニエル夫人』公開時に作製されたポスターのイメージ写真であって、主演女優、シルビア・クリステルが劇中でお座りになるシーンはない。

夫人は白い薄手のドレスをはだけ、何か物思いに耽《ふけ》るポーズを取っているが、それは仏像の弥勒菩薩にとても似ている。

僕がその映画を見たのは中学生の時だ。成人映画指定を受けていなかったので堂々と映画館に入ったものである。

学校の友達と一緒に行ったのだが、上映後、僕は劇場前のポスターを指差して、

「このエマニエル夫人のポーズは絶対に弥勒菩薩を意識してるに違いない！」

と、主張したが、もちろん返答はなかった。

〝物思いに耽る〟とは弥勒菩薩で言うところの「半跏思惟《はんかしい》」である。

〝台座に腰掛けて左足を下げ、右足先を左大腿部にのせて足を組み、折り曲げた右膝頭の上に右肘をつき、右手の指先を軽く右頬にふれて思索する姿〟が、その意味。

しかし、後に気付いたことがある。どういうわけか弥勒とエマニエルでは手と足のポーズが逆なのだ。左右が違うと言ったほうが分かりやすいか。

考えられるのは、ポスター制作時にデザイナーが意図的に逆版で使用したことだが、友よ、その答えは未だ風に舞っているのである。

今回紹介するのは、そんなエマニエル夫人のサントラ盤だ。

これ以外にも籐家具研究の資料として、エマニエル夫人じゃない人が似たような椅子に座ってるジャケットのレコードも、僕は集めている。

075

飛び出す進化はこのくらいでいいのでは？　お尻3Dカード

僕のメガネ人生。

小学五年生でメガネデビューを果たしてから、どんどん視力は落ちて、どんどんレンズもブ厚くなった。その重さもあって、鼻の付け根（メガネ界で言うところの〝鼻パッド〟を乗せてる部分）は今じゃ凹んだまま。

そこがメガネ置き場と諦めるしかないが、たまに、

〝大将、もうギブですわ〟

と、鼻の付け根が言ってくるから困る。それは痛みを伴うからだ。

仕方なくメガネを外して休ませるとか、凹み部分を軽く揉んだりして鼻の付け根の機嫌を取るのだけど、なかなか治らない。

あぁ、それなのに、それなのに、3D映画ってやつは何なんだ？　僕をWメガネ地獄に堕とすつもりである。Wメガネ、すなわち通常メガネの上に貸し出しの3Dメガネを掛けさせせ

るという責め苦だ。映画を最後まで見られるかどうかすら分からない。

だって、現実が３Ｄなんだから、何も映画までそうである必要はないじゃないか、『アバター』とか……。

それに飛び出して嬉しいものなんて、今回紹介するレンチキュラーのお尻くらいだ。

ちなみにレンチキュラーとは、見る角度によって絵柄が変化したり、立体感が得られたりする印刷物のことである。

左の写真では、飛び出している感じをうまく見せられないので残念だ。

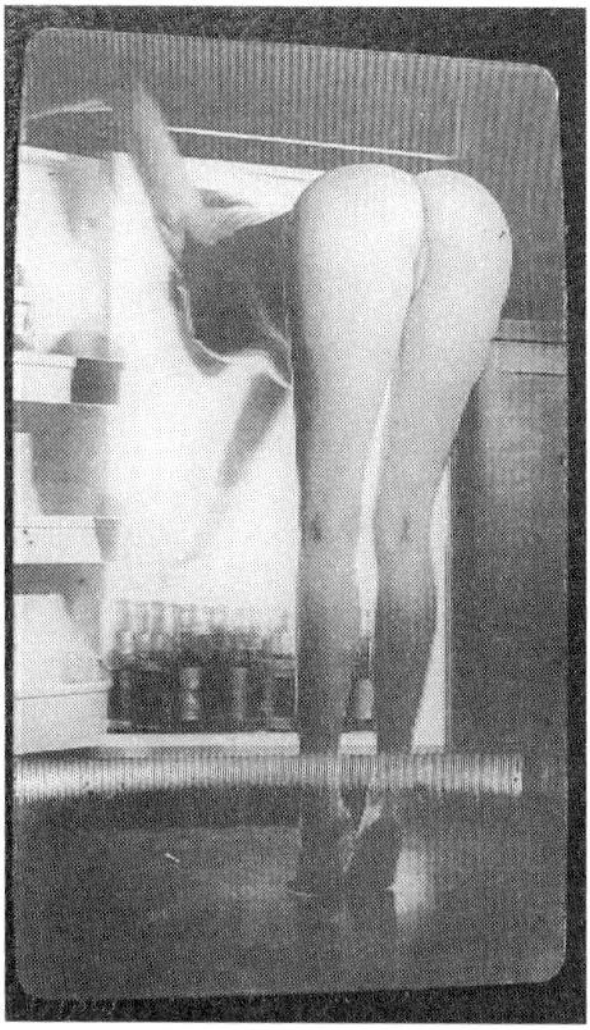

そんなレンチキュラーのカード、他にもいっぱい集めたけど、この技法を使って映画を撮れないものかと考えてしまう。これならＷメガネの必要もないじゃないか。ねぇ、キャメロン監督！

076

本棚のいい位置に並んでる書籍『性生活の技巧と体位』

『性生活の技巧と体位』なんて本、フツーなら隠しておきたいところだが、堂々、仕事場の応接間としても使ってる部屋の本棚に並べられている。その理由は後で説明しよう。

本のカバー折り込み部分に記された出版年を見ると一九九四年である。たぶんこれを買った当時、僕は三十代半ばくらいだ。

図解入りのページ（モデルを使った）が多いのは、エロ本としてもどうぞってことなのだろうが、あくまでハウツー本、または医学書として本屋のレジに運べるよう考えてあるのだろう。

その副題に〝初夜新婚の医学〟と書かれているのがその証拠。でも実際、本書のモデルとなっている男女は経験が深そうに見える。

たぶん、そのギャップが面白くて購入したものと思われる。

さて、本棚の件であるが、これは僕が並べたわけじゃない。

何年か前、現在の仕事場に引っ越してきた時からそのままの状態になっているのだ。

そのままというのは、全ての工程を引っ越し屋さんに任せた結果のことである。

段ボール箱、何十個の中に入った本をそのスタッフの方がランダムに並べ終え、

「後はお客様にお任せします」

と、言われたのに、ずっと並べ替えていないのだ。

『性生活の技巧と体位』の両隣りは、『猛毒動物の百科』と『図解雑学　般若心経』。こんな絶妙なチョイスは決して自分ではできやしない。

だから、わざとそのままにしている。

来客がどう思うかは別として。

077

むしろ〝堕とされる〟側では？
地獄からの使者「KISS」のレコード

地獄ブームが僕の中で起こった時、それに関する本もたくさん買ったし、「地獄ラーメン」も食べに行った。

映画にも〝地獄〟がタイトルに付くものが多くある。チャック・ノリス主演の『地獄のヒーロー』までDVDで押さえた。地獄絡みのレコードはもちろんのこと、特にKISSはマストアイテムだ。

あのハデなメイクやコスチュームからして、イメージは地獄の獄卒《ごくそつ》といったところだろうか。

あくまで邦題だが、アルバムのタイトルは『地獄からの使者』『地獄の叫び』『地獄への接吻』『地獄の軍団』『地獄のロック・ファイアー』。こんな調子だ。しかし、ちょっと頭をかしげるタイトルも見受けられる。『地獄からの脱出』。どうだろう？　獄卒であれば亡者におしおきを加える側。脱出を企てるなどおかしな話だ。『地獄の回想』という、まるで、定年でその役職を解かれたようなタイトルの曲もある。
じゃ、その歌詞がどんなものであるか、和訳されたものを見てみようじゃないか。
〝舐めな、舐めてみな　今すぐに〟（『地獄の回想』原題『LICK IT UP』）
うーん、どうか？　これはかなりエロ歌詞である。しかも舐めを他人に強要しているように取れる。

亡者へのおしおきとしてならまだしも、現世の愚行であれば、ＫＩＳＳは獄卒ではなく、確実に地獄に堕とされる側。
ここは正直に邦題を『地獄の亡者ナンバーワン』としたほうがいいのではないか？
ＫＩＳＳの曲は名曲揃い。今でもよく聴くが、地獄に関してはいろいろ疑問に思うことがある。

『LICK IT UP』作詞・作曲：PAUL STANLEY/VINNIE VINCENT
対訳：KUMI TAKEUCHI

078

問題はどこで披露するか『どじょうすくい名人6点セット』

気になることには、程度がある。〝大層、気になること〟と、〝ちょっと気になること〟だ。前者ならすぐに調べたり、始めたりするのだろうが、後者だと、また今度でいいやとなるのが常だ。でも、長きにわたって〝ちょっと気になること〟を放っておくと、次に出会った時〝そういえば前からずっと気になっていた〟と勘違いしてしまうことがある。

もう、随分昔の話だけど、電車の車内で近くにいた男が新聞を広げたことがあった。その時、新聞の裏側が僕の目に飛び込んできて、ハッとした。それは以前、ちょっと気になったことがある横長の大きな広告、

『どじょうすくい名人6点セット』

だったからである。キャッチコピーは〝今日からあなたも　どじょうすくい名人〟。竹ザル・竹カゴ・豆絞り手ぬぐい・一文銭の鼻あて・踊り用カセット、お手本ビデオ付きで、値段は、九〇〇〇円。

お高いプライスのため、以前は〝ちょっと気になる〟で留めたのだが、その時はやたらと安く感じた。いや、これだけ付いて九〇〇〇円はお得だろう。

　僕はカバンからペンとメモ用紙を取り出し、その場で販売元の電話番号を控えたのだった。

　それからしばらくして、『どじょうすくい名人6点セット』は届いた。
　お手本のビデオを見ながら、ひとりどじょうを摑む仕草をマネた。股間のところで自らの親指をどじょうに見立てて握り、スッポンスッポンと上下に擦るわけで、何ともいやらしい。
　問題はこれを人前で披露できるか？
　僕にはまだその男気がない。

079

朝帰りするじいさんは現役?
絵本『こぶとりじいさん』

今回紹介するのは、幼い頃読んで、絵のタッチがリアルすぎて恐怖すら覚えた『こぶとりじいさん』の絵本である。

何十年も忘れていたが、ある時、古本屋で再会し、流石にもう怖くはないだろうと思い、買って読んでみた。

物語は説明するまでもないので省略するが、当時、てっきり高齢者だと思い込んでいたこぶとりじいさんは、その行動からすると四十代半ばくらいではないかと思った。疑わしいのは、鬼の宴会に参加し、踊りまくるシーン。

〝よが　あけて、おじいさんのおどりが　おわりました〟

踊り好きとのことだが、ダンシング・オール・ナイトはキツいだろう。

それにじいさんの顔、シワこそあれど肌艶が妙にいい。ま、絵ではあるが、手もスベスベだ。

そりゃ昔話だから、今とは平均寿命も違うだろうが……。

ダンシング・オール・ナイトが大層鬼に受け、翌日も踊りに来てくれと頼まれる。

「もし、こないと　いけないから　おおきな　こぶを　あずかって　おくよ。」

と、鬼の大将に言われてこぶを取られちゃうんだけどね。

じいさんの朝帰りの理由に何ら疑問を持たないばあさんは、きっとじいさんより歳下に違いない。白髪で描かれているが、妙に色っぽい。

まだこの夫婦は夜のほうも現役とみた。
今はそっちのほうが絵のタッチより怖く感じた。

080
汚しそうな人にはあげられない セクシーヌードタオル

今回紹介する円形状の品。

裏面の説明書きには、

〝圧縮されたジャンボバスタオルです。※水に濡らすと元のサイズに戻ります。超高級木綿100％　特大アメリカンサイズ　タテ156×ヨコ78センチ〟

と、ある。

開封すると覆水盆に返らず。絵柄がもし、このパッケージ写真と同じようなものであれば、家庭には持ち込めない。

独身者限定タオルなのだろう。風呂から出た後、これで股間を拭き拭きプレイ。

ジャンボには「アソコがジャンボに……」の意味も含まれているのかもしれない。

プリントだと分かっていてもついつい劣情を催してしまうのが男の性《さが》である。

やはりここは、シュリンクされたままで置いておくのが賢明だと思い、仕事場に放置してあるのだが。

先日、テレビの収録でうちの仕事場にやって来たスタッフ。その中のひとりがこれを見つけるなり
「白石ひよりじゃないですか!!」

と、感嘆の声を上げた。どうやら彼女のファンらしい。聞きもしないのに、

「俺、めっちゃお世話になったんスよね！」

と、言った。

「だったら持って帰っていいよ」

と、言ってもよかったが、きっとあげたらその日のうちに拭き拭きプレイをしてタオルを汚すと思ったから、僕は黙ってた。

081

ネグリジェを着た由美かおるホーロー看板の「冷マ」

ネグリジェとは、ワンピース型の女性用寝間着のことである。フランス語で「しまりがない」「気取りのない」といった意味だというが、そんなことを知ったのは、随分大人になってから。小学生の頃はその名称を聞くだけで想像を膨らませていた。それはもちろん、由美かおるさんのセクシー・ホーロー看板を何度も街で目にしていたからだ。

その時、大きく勘違いしていたのは、てっきりネグリジェが日本語で、表記は、「寝ぐりじぇ」だと思っていたこと。

「でも何やねん？　その、ぐりじぇって」

友達に得意気に喋ったところ、聞き返された。

当然、僕にもそこは分からない。ただ、その言葉をくり返し言うと、何だかいやらしい気持ちになる。

「ぐりじぇ、ぐりじぇ……」

友達も呪文のように唱え、

「確かにな」

と、言った。

「そら、ぐりじぇを着て寝るには、それなりのわけがあるはずや」

「ぐりじぇ、ぐりじぇ、ぐりじぇ……」

由美かおるさんのぐりじぇの横には必ずと言っていいほど『強力殺虫剤ハイアース』のホーロー看板も打ち付けてあった。水原弘さん（歌手）の和服姿で有名なやつ。僕が思っていたのは、この二人が夫婦設定であるということ。それを友達に伝えると、

「なるほど、奥さんがぐりじぇ着てるんで、夫は嬉しくてニヤけてるわけやな」

と、言った。

今回の収集品は、そんなぐりじぇ看板のミニチュア版。冷蔵庫にくっ付ける冷マである。

082

彗星の如く現れた〝りんごヌード〟
『APPLE1972-1977：麻田奈美写真集』

「明日、パチンコ行かへんけ？」と、言ったのは友達の〝K〟。近所にパチンコ屋が開店したので、朝から並ばないかと、僕を誘っているのだ。

前にも一度、「開店の日は入り口付近の台が絶対出る」と、誘われて行ってみたが、ちっとも出なかった。仕方なくKの打つ台のところに行ったら、

「お前、ヘタクソすぎやで。これやるから他の台見つけて打てや」

と、数十個玉をくれたが、それもあっという間になくなってしまった。

そもそも僕はパチンコというものに向いていないのだ。「やめとく」と、今回は断ったが「お前でも絶対出る台、教えたるのに。それに今度は確実にドル箱は取れるって！」と、Kは熱弁を振るう。「いやいや、僕には無理やて。ひとりで行けや」と、返すと「ホンマにええの？　ドル箱一つでアレと交換できるんやで。欲しいんやろ、お前、アレ」と、喉から手が出るほど欲しかったものを引き合いに誘ってくる。

それはパチンコ屋の景品交換台の壁に掛けてある大きなパネル貼りのヌードポスター。当時、『平凡パンチ』のグラビアページに彗星の如く現れた麻田奈美さんが、股間をりんごで隠していた通称〝りんごヌード〟だ。

でも、僕がドル箱なんて取れるはずがない。「やっぱりやめとくわ」と言って断った。

その数週間後、僕は腹膜炎で緊急入院した。しばらく学校を休むことになったが、ある日、手に大きなパネルを持ち、お見舞いに来てくれたK。「これ、やるわ」と、ムキ出しでりんごヌードを差し出した。

僕のために取ってくれたことにめっちゃ感謝したが、何せここは病室。しかも四人部屋。そんなもの飾れない。だから入院中は、裏にしてベッドの脇に置いていた。

今回紹介するのは、りんごヌードの写真集。平成になり復刊されたものである。

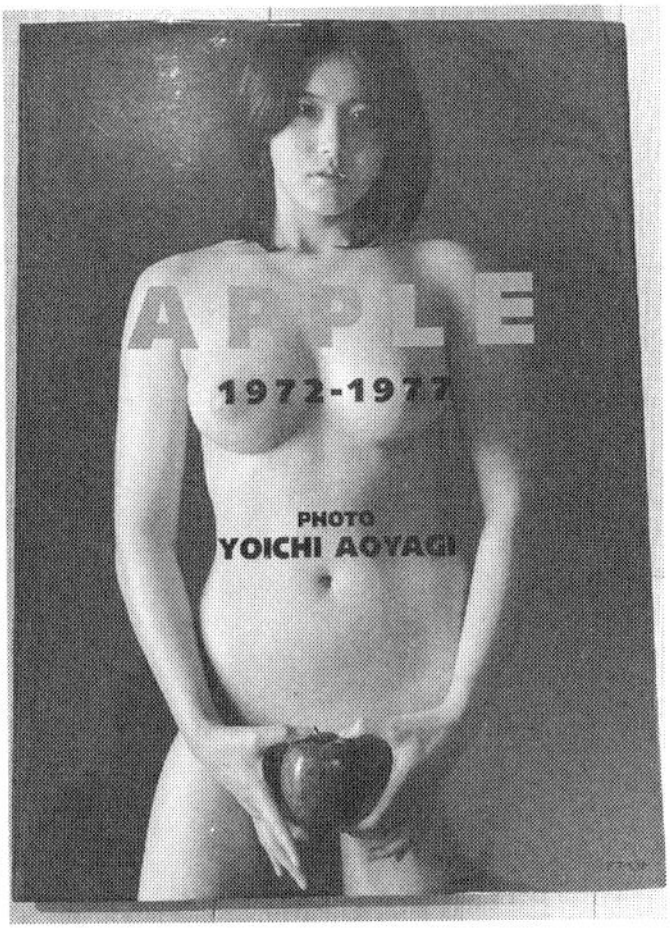

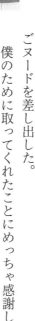

083 メガネ男子に童貞喪失の教訓を伝授 DVD『ジェレミー』

『ジェレミー』というアメリカの映画があって、僕はそれを中学二年生の時に見た。ジェレミーは音楽学校に通う十五歳の少年。ある日、学園でスーザンにひとめ惚れしてしまう。スーザンはジェレミーより一学年上だ。照れ屋のジェレミーは告白できずにいたが、親友のラルフがその仲を取り持ってくれて——と、ストーリーは展開していくのだが、この映画のハイライトシーンは何と言っても、暖炉のある部屋でジェレミーが童貞を喪失するところである。

今回紹介するのはそのDVD。よくパッケージを見てほしい。ジェレミーはメガネを掛けている。

当時、メガネを掛けている主人公の映画は、『パピヨン』のダスティン・ホフマンくらいか。そんなメガネ男子創世記にあって、冴えないメガネの僕はジェレミーに感情移入しまくりだった。だから、学校では決して教えてもらえない童貞喪失時のメガネ事情はとても重要だった。

でも、当時、映画館で見たシーンを後にビデオで再確認したら、大分違ってた。いや、僕の思い違いであった。

暖炉のある部屋でその行為が行われたことに間違いはなかったが、両者が服を脱ぐ段階で、僕はてっきり歳上のスーザンがジェレミーのメガネを優しく外してくれたとばかり思っていたのだが、実際にはジェレミーが自ら外してた。

その時、メガネをどこに置いたか？　床置きしたと思っていたが、ジェレミーは意外と冷静で、踏まれる危険のないところにちゃんと置いてた。

僕は童貞喪失間もない頃、外したメガネなどには気が回らず、テキトーに床置きし、事が終わった後、「何か踏んじゃった！」と彼女に言われたことがある。
フレームがひん曲がったメガネはとても哀れだった。

084 この商品名の由来は何だ？ さつませんだい名物「ちんこ団子」

長い間言っちゃうといけない気がして、黙ってたことがある。

それは何度試しても、ビールが美味いと思えないってことだ。

特に夏場、まわりの皆は「カーッ！　美味い！　一杯目のビールは本当、堪らないよね」と言い合ってる。

その場を盛り下げてはいけないと、僕も「カーッ！　美味いね！」と、わざと大きな声で言ってみるが、それは嘘。二杯目を頼む気になれずにいたら、「本当はビール、苦手なんじゃないの？」と、気付かれそうになったこともある。

実は、日本酒や焼酎も好きなわけではない。酔っ払うことで酒の味を忘れてしまおうとしていたのだ。だから、いつも誰よりもベロベロだった。

当然、二日酔い。いつだって後悔してたのだけど。

新型コロナで宴会の機会をなくした時期、酒は一切口にせず、ひとり家でカルピスばかり飲んでた。この味が小学生の頃から一番好きだったから。

それでハッキリと気付いた。僕は甘党だったんだ。

若い頃はそれを言うと何だかダメな気がしてたが、もうどうでもいい。

甘党宣言発令である。

だから、街を歩いていてもやたら和菓子屋が気になる。最中《もなか》に濃い目のお茶を呑んで「カーッ！ 美味いね」と、言う。

今回紹介するのは、お取り寄せまでした「ちんこ団子」。
味より気になるのは、その名称。
「しんこ」（新しい粉）が訛《なま》って、ちんこになったというが、本当かな？
開封しないとかなり長い間保存が効くらしい。非常食として取っておくつもりだ。

085

関係者から入手
生ビールの宣伝用看板

軽率で調子のいい奴。八〇年代はそんな奴らのことを「C調」と呼んだ。

C調はテレビや音楽業界にやたらいて、「みうらチャン、今度のライブ、ヨロシク！　ギャラ、はずむからよ」などと声を掛けてくる。

大概の仕事は日程が目前に迫っていることで察しがつく。アテにしてたバンドにドタキャンされたんだ。

「そこ、いいハコなんで気に入ってもらえると思うよ。それに、音楽プロデューサーもよく来るから、メジャーデビューなんて話もありかもよォ～」

インディーズバンドにありがちな夢物語だが、こちらとしてはバンドのメンバーがその日空いているのか、そっちのほうが気になる。

「な、頼む！　埋め合わせは必ずするからさ、な」

嫌な予感はするが、断れないのもいつものこと。

その、いいハコとは、ビルの屋上にあるという。

バンドメンバーが気をよくしたのはその一点で、かつてザ・ビートルズが解散前にレコード会社の屋上でやった伝説のライブを思い出したからである。

「何ならそこでライブレコーディングしてもいいんじゃないか」

などと、夢は広がるばかり。しかし、それはビルの屋上といっても、ビアガーデンの営業であった。酔っ払ってる客を盛り上げるヒット曲などない。でも、そんな心配はいらなかった。誰も仮設ステージになど見向きもしていなかったから。僕はその虚しさの報酬が欲しくて、その場に置いてあったビールの宣伝用看板を指差して、「コレ、欲しいんですけど」と、言った。

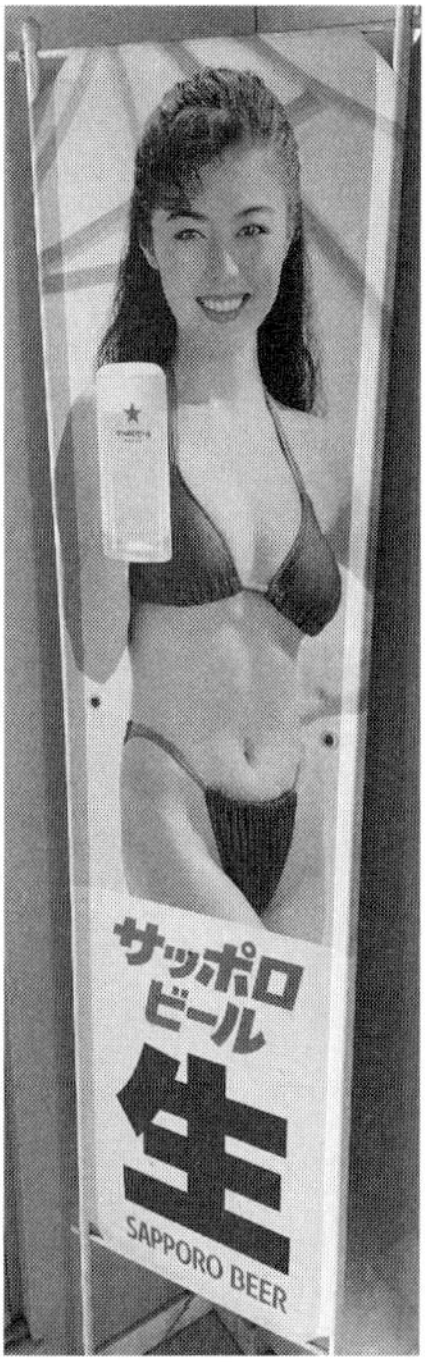

今回紹介する品は、ビアガーデンのシーズン終わりに取りに行った武田久美子さんの看板である。

086

本人に持っている話はしていないMEGUMI似のフィギュア

タレントの、いや、今は俳優さんか、活躍目覚ましいMEGUMIちゃん。今から二十年近く前、テレ東で『シンボルず』って番組を僕と一緒にやっていたことがある。

当時、僕のマイブームが〝銅像〟で、公園や駅前に素っ裸の状態でいる、いわゆる「ヌー銅」を二人で見に行っては、あーだこーだ言ったり、道路脇に立てられた車止めのポール、いわゆる「確珍犯」を地面にペタリと座り、股に挟んで「どうよ、コレ?」と実況見分してみたり……。そんな番組だった。当時、DVDも何枚か出したので、お好きな方は探してほしい。

MEGUMIちゃんの役は、そんな大人げのないことをする僕に対し、「バカじゃね!」と、クールなツッ込みを入れることだったけど、途中からは自らも確珍犯を股に挟んだりしてた。

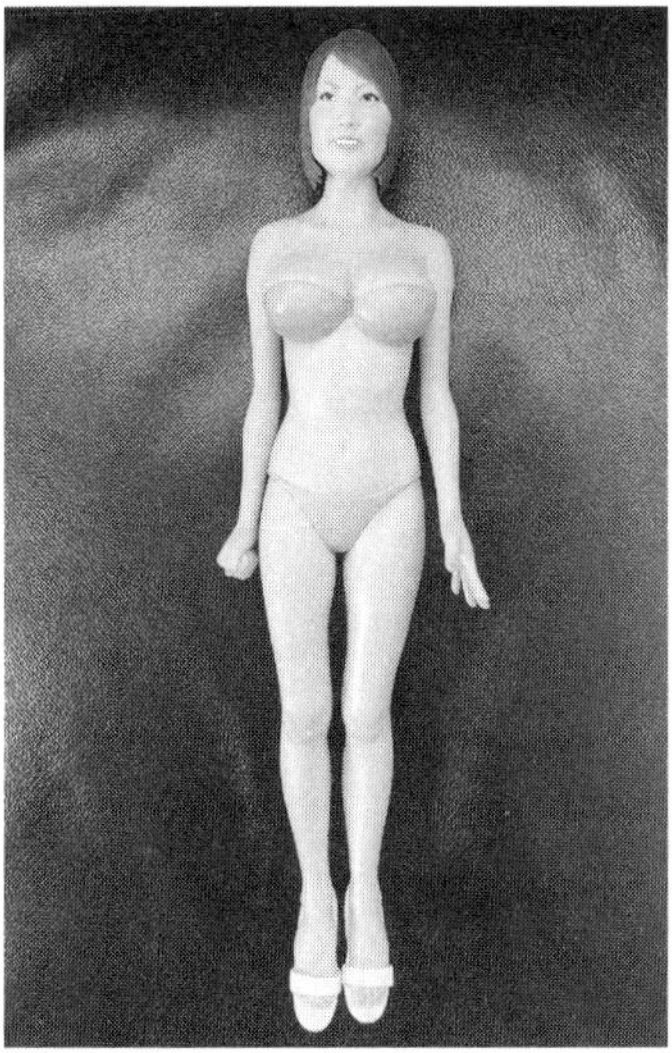

彼女はそんなボケとツッ込みが両方できる〝二刀流〟。僕はグラドルをメインに活動していた頃からその才能に気付いてた。

だから、アシスタントにＭＥＧＵＭＩちゃんを指名したのだ。

さて、今回紹介する品だけど、そんなＭＥＧＵＭＩちゃんのフィギュアである。公式なのか非公式かはよく分からないが、かなり似ている。

でも、番組を一緒にやっていた時には、こんなものを買っていたなんて言ってない。

「バカじゃね！」

と、ツッ込まれるに決まってるからである。

087

オッパイビンタで得た仕事？
DVD『ダブルD・アベンジャー』

「面白い店を見つけたんだよ」と、その先輩は満面の笑みで言ってきた。

もう二十年近く前のこと。その先輩が言うんだから、当然、フーゾク店に決まっている。

「これからちょっと行ってみない？」と、誘ってきた。その頃、何故かフーゾクの誘いは断るべからずというルールがあった。仕方ない。同行することになった。しかし、店に入ってみると、よくあるキャバクラ。しばらくキャバ嬢のフッツーの接客を受けた。

「もうすぐ始まるからさ、待ってなよ」と、先輩が耳打ちしてきた。すると突然、店内の照明が落とされ、ハデなBGMがけたたましく鳴った。

「さぁ！　ハッスルハッスルハッスルハッスル～タイム！」

僕は暗闇の中で身構えた。

「いくわよ！　じっとしていて」

驚いたのは、キャバ嬢がそう言って、膝にまたがってくると、オッパイビンタをしたからだ。しかも連打、かなり痛い。

ハッスルタイムは数分で終わり、再び、店内は明るくなった。キャバ嬢たちは何事もなかったようにフツーの接客に戻った。先輩が「どう？　面白いだろ」と、満面の笑みで聞いてきたので、一応、

「面白っスね」

と、返した。

今回紹介する品は、『ダブルD・アベンジャー』という米映画のDVD。僕が字幕監修をしている。映画のキャッチコピーは〝乳《ニュー》ヒロイン誕生。必殺技は、オッパイビンタ百連発！〟
依頼が来たのは偶然だろうが、あの時の体験が仕事に活きたので、先輩には感謝だ。

088

胸元と股間をお隠しに ヴィーナス像のアクスタ

上野の東京国立博物館で催されていた『京都・南山城の仏像』展（二〇二三年九月十六日～十一月十二日）。

その展覧会のグッズ企画会議に、仏友《ぶつゆう》・いとうせいこう氏と出た。

今までにも何度か仏像展には携わってきたが、今回は宣伝用の動画を撮るためテレビカメラが入っていたので、二人はやたら気合いを入れた。

僕らが考え、会期中、売店に並んでいたものは、先ずは薬師如来のおくすり手帳。薬局で使う例の手帳だが、表紙には出展された薬師如来の写真が使われている。

ペンの先から光が出て、その輪の中に仏像が映し出される『光仏《こうぶつ》』は毎度作っている人気商品。

続いて、〝牛頭天王《ごずてんのう》〟像を刺繡ワッペンにしたオシャレキャップ。マニアックすぎただろうか？

そしてもう一品、今、流行りのアクスタ。しかし、これだけは、我々二人のアイデアではない。同席したグッズ制作会社の人が、

「これは間違いなく売れますから！」

と、おっしゃって、作ることになったのだ。写真の一番左に写っている白い不動明王像がそれ。とてもプリティで、本当によく売れた。

以来、気になるアクスタを買うようになった。

写真中央の、恥ずかしそうに胸元と股間をお隠しになってるヴィーナスなんてどう？　どこに置いても〝映《ば》える〟こと間違いなしだと思うのだが。

089

日本史のテストには出ないけど DVD『徳川セックス禁止令　色情大名』

高校の勉強の中で、特に徳川家の系譜を覚えるのが嫌だった。徳川家康はフル漢字で書けるものの、その子孫とかの名前までは無理。

そもそも自分の親戚だって漢字で書ける人なんてほとんどいないというのにな。

それでもテストの前日であれば、どうにか覚えなきゃならない。諦めるのも早かったけど。

やはり、テストには徳川家の名前が出た。

〝生類憐れみの令〟といえば、つなよし！　これだけは辛うじて分かったが漢字が浮かばない。つな引きのつな、そのつなの漢字が出てこず、テスト用紙に平仮名で書いた。

戻ってきた答案用紙にはバッテンが付けられてた。いいじゃない、平仮名でも。

「今度、徳川の映画行かへんけ？」

友達から誘われた時、その偶然に驚いた。

「『徳川セックス禁止令　色情大名』、見たいと思ってたんや」

と、満面の笑みで返した。

フランスのポルノ女優、サンドラ・ジュリアンが来日して、東映で撮られた作品だ。たぶん、このタイトルは、生類憐れみの令をもじって付けられている。

だからルーツは徳川綱吉！

今、フル漢字思い出してどうする？

ちなみにこの映画に出てくる将軍の名は〝徳川家斉〟だったけどね。

090

人生で三つめオッパイボール

「諸行無常」という仏教用語。〝形ある物はいつか壊れる〟という意味である。

この世の全てのものにこの言葉は当てはまり、〝なるほどな……〟と、納得はするが、目の前に欲しくて堪らないものがあると、それもすっかり忘れてしまう。

そのひとつが、今回紹介するオッパイボールである。

買ったのはこれで三個目だ。

一個目を手に入れたのは半世紀以上も前になる。たぶん家の近所の駄菓子屋で買ったのだと思う。一目でその形状にグッときて、握るとさらにその柔らかさにグッときた。友達に自慢すると「触らせろや」と、言ってきた。そこまではよかったが、バカだな男のガキは。

これでキャッチボールを始めてしまった。しばらくして、キャッチできなかったオッパイボールが、背後にあった鉄柵に激しくぶち当たった。それであえなくパンク。

二個目は三十代半ば、浅草の仲見世通りにある土産物屋の店先で再会、思わず買った。握り心地のよさに全く変わりはなく、同じ商品と思われた。

仕事場に置いていたが、客が無許可で触るもので手アカで表面が黒ずんだ。一度、洗ってみたが取れなくて、押し入れに仕舞い込んだが、数年後に発見した時はすっかり萎《しぼ》んでた。

今回紹介する三個目は、ある駅ビルで催されてた〝駄菓子フェア〟の片隅で見つけた。未だにビニール袋を開封していないのは、来客の手アカ防止のため。

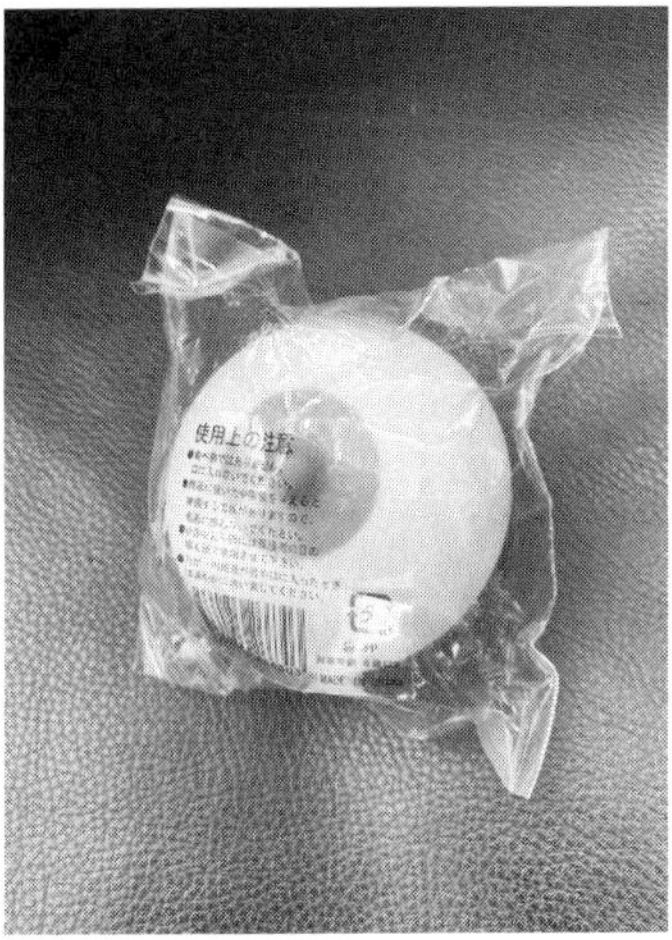

でも、ビニール袋越しに握ってくる者もいて、本当、男ってやつはいくつになってもオッパイの魅力には勝てないようだ。

091

ジャケがベッドシーン
レコード『007／サンダーボール作戦』

今回紹介するレコード（シングル盤）は、映画『007／サンダーボール作戦』のサウンド・トラック主題音楽。小学二年生の時に買ってもらったものだ。

映画好きの父が連れて行ってくれたのだけど、初めて見たジェームズ・ボンドは、エロエロの名手でもあった。

今思うと、父はたぶん、上映中、とても気まずかったであろう。

それまで怪獣映画しか見たことがなかった僕は、頭の中がボンドのイチャイチャ活動のシーンでいっぱいになった。

そんな映画のサントラ盤。欲しくなるのも男の性。ねだって買ってもらったのだが、ジャケ写がベッドシーンである。

僕はワクワクしながら、家の応接間にあった大きなステレオでそれをかけた。でも、どうしたことか、映画館で聞いたものと、どこか違う。そもそもこれには歌が入ってない。演奏のみのレコードだったのである。

B面にも針を落としてみたが、やはり演奏だけで、全然納得がいかない。当時は全く気付かなかったけど、ジャケットに記された〝（演奏）ジミー・セドラー楽団〟って何？　本物は、ジョン・バリー・オーケストラだったはず。

昭和はそんなパチモンのサントラがいっぱい出回っていた。この後も随分摑まされ、その都度、ショックを受けてきたものである。

092

並べて付ける勇気ある？
クリとリスと『オレカメオ』のブローチ

今回紹介したいのは、ブローチ。

先ずは写真下の『オレカメオ』。僕の横顔が入ったカメオブローチである。

カメオとは「浮き彫り」の技法で作られたアクセサリーのことを意味する。

古代ギリシャやローマ時代から愛されてたものといわれ、アンティークやヴィンテージ品として扱われている高級品だ。

日本でも、昭和の時代にご婦人方の間で大ブーム。これを服の胸元に付け、小学校の参観日や婦人会に出掛けておられたのである。

モチーフは、女性の横顔が多い。写真がなかった時代、肖像画の代わりにされたものなのだろう。女神っぽく見えるのが特徴だ。

『オレカメオ』は、そんなカメオブローチのパロディ。

『ザ・スライドショー』（詳しくはウィキペディアで）開催時に観客に記念品として配った。

本物のカメオには貝や珊瑚やオニキス、メノウなどが使われているが、こちらはもちろんプラスチック製である。

さて、次は問題の二点（写真上）を紹介しよう。

ある年の誕生日に友人からいただいたブローチだ。

かわいらしい〝クリ〟と〝リス〟を模した——もう一度、言う。クリとリスを——。

もちろん、二個同時にくれた。

僕は未だにこれを並べて服に付け、街に出る勇気はない。

093

〝ザ〟が付くとバンドに見えるDVD『オシリーナ　ザ・おしり』

〝the〟(英語の定冠詞)。名詞に付けて、その語の持つ性質・機能などを強調したり、普通名詞を固有名詞のように扱ったりする。

「ふーん……」

そんなこといくら覚えたって、ちっとも英会話は上達しない。日本の英語教育の大きな間違いはここにある！　なんて、居酒屋で〝俺に言わせりゃオヤジ〟が言いそうなことだけど、僕は〝ザ〟好き。

〝ザ〟が付くと、どんなものでもバンドに見えてしまう。それは、ザ・ビートルズ、ザ・ローリングストーンズ、ザ・キンクス、ザ・フーなどがそうだったように、〝ザ〟が付くとよりバンド感が強調される。そんな世代の人間だからである。

かつて一〇〇円ショップの「ダイソー」は、店名の表記が「ザ・ダイソー」で、商品のコーナー名を示すプレートにもいちいち〝ザ〟が付けられていた。

たとえば木材コーナーは「ザ・木」。バンドで考えると山男、もしくは与作的なルックスをしたスリーピースのカントリーバンドであろう。

ダイソー以外にも〝ザ〟はたくさん存在する。僕が街で見つけた取り分け秀逸だった看板は、「ザ・七五三」と「ザ・丼」。

それに今回紹介するグラドルのDVD『ザ・おしり』も外せない。

しかもこれ、正式タイトルは『オシリーナ ザ・おしり』。ちなみにオシリーナはグラドルの愛称だ。

さぁ、貴方ならどんなバンドを想像する？

僕がすぐ思い付いたのは、ボブ・ディラン＆ザ・バンド。この場合オシリーナがメインボーカルで、バックバンドがザ・おしりということになる。当然、ガールズバンドであろう。

バス・ドラムのところにローマ字でTHE OSHIRIとペイントしてある気がする。

094

今でも名前がスラスラ出る恋してた女優のDVDとパンフ

老いるショックを受けると、人の名前が思い出せない。そんなことがよくある。

「ここまで出掛かっているのに……」と言うが、どこまでも出ない時のほうが多い。

現代は、便利なものがある。スマホだ。これを使い検索すれば、いとも簡単に思い出すことができる。しかし、それはその人にまつわるキーワード（すなわちヒント）がなければ、到達することは難しい。

「ほら、あの命知らずの……」

会話の中で、その俳優名が出てこない。

「命知らずの俳優？　それは日本人なの？」

「いや外国の俳優で、ほら、あれだよ、飛行機にブラ下がったり、バイクで……」

そこで相手が気付いてくれればいいが、相手も老いるショックを受けし者の場合、

「分からん、それだけでは」

と、話の流れを完全に止めてしまう。それはあくまで喩えとして出そうと思った「○○さんみたいだよね」であって、本筋とは違う。

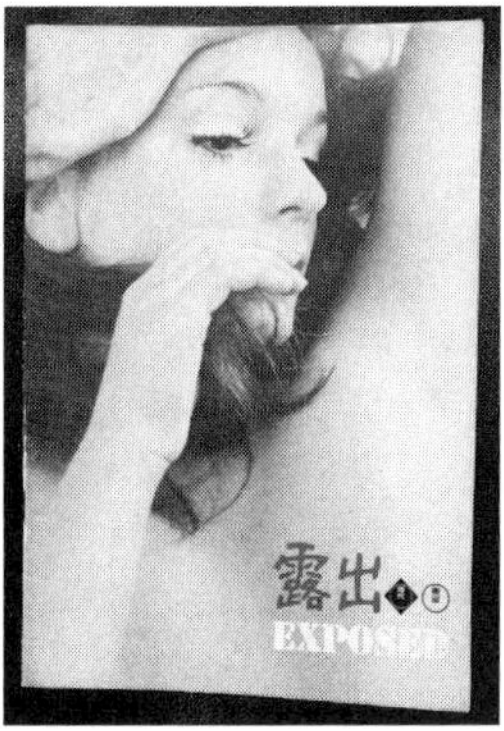

トム・クルーズ（ようやく出た）には悪いが、どうでもいい人物名なのだ。

逆に会話に関係なく、いつでもどこでも思い出せる人物名もある。先ほども登場したサンドラ・ジュリアンさんと、クリスティーナ・リンドバーグさんだ。

〝あぁ、サンドラ・ジュリアン〟

〝あぁ、クリスティナ・リンドバーグ〟

ほら、今でもスラスラ出る。

出だしに〝あぁ〟を伴うのは、二人に恋をしていたからだ。これが人生最後の言葉になっても構わないと僕は思っている。当然、二人の出演作のDVDやパンフは死ぬまで捨てられない。

095

大人買いしてすっかり満足
アダルト フィギュア コレクション

小学生の時、大好きだった特撮ドラマ『マグマ大使』。

ある回で、マグマと、その妻モルが「私たちロケット人間にも子供が欲しいです」と、創造主アース様に願い出たことがあった。

それで、誕生したのが息子・ガム。

その番組のスポンサーがロッテだったので、すぐさま『マグマ大使』のガムが発売された。縦長のガムで、そのパッケージには、マグマやモル、ガムの主要メンバーの他、敵のゴアや登場した怪獣がプリントされていた。そして、そのパッケージを何枚か集めロッテに送ると、懸賞でマグマと怪獣が戦うパンチング人形がもらえた。

僕はすぐに応募したが、肝心の住所を書き忘れてしまった。そのことでひどく落ち込んでたら、ある日、父がマグマ大使ガムを買ってきてくれた。それも箱ごと。

今で言うところの〝大人買い〟である。父は十分大人だったからいいが、僕はそれで味を占めてしまった。

後にパンチング人形が何体も送られてきたのは言うまでもない。

ガム同様（ってこっちはマグマの子）、僕もひとり息子。父はついつい甘くなってしまったのだろう。次に僕の大好物、チキンラーメンを、今度は業務用の大きな段ボール箱で買ってきた。母と僕はそれを見て仰天した。

結局食べ切れず、仕舞いには近所に配り歩いた。そんな思い出。

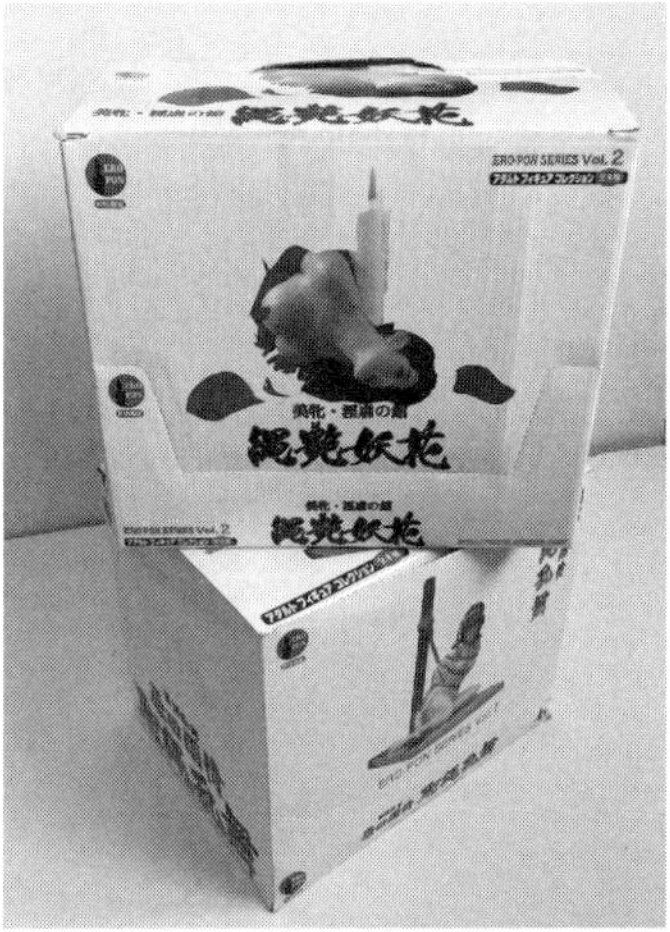

今回紹介する二つの箱は、僕が大人になって大人買いしたものだ。
中はＳＭのミニチュア・フィギュア。
全種一気に揃えたことですっかり満足して、中身を開けずに本棚の上に積んである。

096

妖艶でグラマラス 春川ナミオのトレーナー

今回紹介するのは、春川ナミオさんの絵を配したトレーナーである。

初めて春川さんの絵を見たのは、中学生の時。いわゆるＳＭ雑誌での初見ロール。「初見ロール」というのは、単にロケンロールをもじっただけの造語ではなく、初見の時と同じような感動、ないしはキョーレツな違和感が心の中をロールし続けているという意味が含まれている。

その初見の衝撃を岡本太郎さんの言葉を借りて表現するなら、「何だこれは!!」である。

春川さんの、唯一無二の〝顔騎絵〟。

それを中学生で食らってしまった僕は、二〇二〇年に永眠された春川さんの追悼展で売られていたこのトレーナーを買わずにはいられなかった。

ちなみに顔騎（顔面騎乗）とは、マゾがサドのお尻で顔を踏まれること。マゾが快感を得るためのプロセスのひとつだ。

よく分からない方もおられるだろう。僕も初見の時は、ノーマル故の悲しさで、さっぱり意味が分からなかった。でも、春川さんの絵はすぐ好きになった。

女王様は妖艶でグラマラスだが、対照的に踏まれてる男の体は小さくて貧弱だ。まるで四天王像に踏み付けられている邪鬼のよう。どこかコミカルなのだ。

そういえばある日、このトレーナーを着て電車に乗り込んだら、近くにいた子供が母親に、

「あの人、お尻の絵の服着てる」

と、言って、指差されたことがあった。

やっぱ、春川さんの描く巨尻は目立つようだ。

097

ズッシリと重い豪華本
写真集『志摩の海女』

〝中間テスト、期末テスト〟という呼び方は、今の学校にもあるらしい。

僕の時代と大きく違うところは、それが終わった時の自分へのご褒美だろう。自分で自分を褒めてあげたい気持ちのぶつけ先とでも言おうか。今の若者のぶつけ先は見当もつかないが、昔の若者ならエロ映画館と相場は決まってたものだ。こんな原稿、今までに何十回、いや何百回と書いてきたので、ここでは当時、最も苦手だった映画のジャンル二つについて述べることとする。

昔から誤解されがちだが、エロだったら何でもいいわけではない。気の遠くなるような設定の映画にはピクリとも反応しない。当時は三本、または四本立て上映だったもので、苦手なジャンルの作品に当たると、心の中で〝早くこれ、終わらないか……〟と思ったものである。

僕の場合、それが通称・Wアマ。尼僧ものと、海女ものの二つだった。高校生からしたら、どちらも気が遠くなるほど何の接点もない存在だったからだ。

そりゃ、僕は小学生の頃からお寺巡りが好きだったけど、尼さんまで意識したことは一度もなかったし、海女に至っては初見がポルノだったわけで。ここが朝ドラ『あまちゃん』から入った者とは大きく違う点。

「このジャンルは流石のオレもアカン」とは、テストが終わり、ご褒美で訪れたはずの映画館で友達が言ったセリフ。

『潮吹き海女』とか『色情海女ふんどし祭り』とか、そんなの僕らにとって何のリアリティもなかったから。でも、どうしたことか僕は四十代の頃から海女グッズのコレクターになっていた。ＤＶＤソフトはもちろんだが、最終的に千葉の海女祭りまで見に行った。しかも二度も。

今回紹介する写真集は伊勢志摩で買ったもの。海女研究には貴重な資料と言えるだろうが、何せ豪華本故、ズッシリと重かった。

098

写真集もプロデュース
僕の描いたエスキース（撮影用の下絵）

今、〝かみ〟といえば、もっぱら神のほう。「神対応」など、そういう言い回しをする人も多いけど、僕はやっぱり紙。神対応よりも紙媒体のほうが好きなのだ。

紙に刷られたもの全てに愛着がある。たとえば、新聞や雑誌、写真集など。今はデジタルなんてものでも読んだり見たりできるけど、紙の手触りがないと僕はグッとこない。

「昭和の人だからでしょ」と、一言で片付けられちゃ困る。それじゃ今後、紙媒体がすっかりなくなっちゃう恐れがある。紙の高騰も、紙の本が出しにくい理由によくあがる。デジタルのほうが安く上がるからと、出版社ですらそんなことを思っている。

『SPA!』という雑誌で長きにわたり、グラビアページを担当している。始めた当初はまだグラドルのDVDすら少なくて、僕と相棒のリリー・フランキー氏は毎度、用意された写真集を見ながら撮影のアイデアを出し合った。でも、それではその写真集と同じような写真になってしまう。だから僕はエスキース（撮影用の下絵）を描くことにした。

「この方は是非、僕に描かせてよ！」と、その都度編集者にお願いし、これまでに随分の枚数、描いた。今回紹介するのは、ほんの一部。いちいち注文が書き加えられているのがお分かりになるだろう。当然、それには趣味嗜好がモロに出る。「またこのパターンですか（笑）」と、言われることも多いが仕方ない。それが好きなんだから。

今ではリリーさんとＤＶＤを見て話し合うようになったが、動画とグラビアでは大きく違うし、デジタルと紙に刷ったものも大きく違うと僕は言いたい。

『ＳＰＡ！』で「描かせて」とお願いし、四回にわたりエスキースを描いてきた沢地優佳さん。その「最高の熟女」との呼び声高い、レジェンドグラドルの紙の写真集をプロデュースするに至った。

値段は大層張るが、中を是非、見てほしい。紙の写真集ならではのディープさが必ずや伝わると思うから。

099

もんでのむ？　揉んで飲む！『Mon de Normu』

プッシュ式固定電話機。どうでもいいことだが、うちのは薄緑色だった。その下に、台座のように白い応答録音装置を設置したのは、八〇年代、かなり〝ナウ〟な出来事だった。

「ただ今、留守にしておりますので、留守番電話にご用件をお吹き込みください」

先ずは自らがこのセリフを録音しなければならない。〝言い方が暗かった〟と、今度は陽気な声を出す。なかなか上手くいかない。

それでもようやく納得できたものが録れ、外出したのはいいが、掛けてくる側もまた留守番電話に不慣れで、ほとんどの人が用件を吹き込まないまま切ってしまう。

ある日帰宅すると、メッセージが吹き込まれていることを伝えるランプが点灯していて、僕はワクワクしながら再生のボタンを押した。

すると、その人はまるでロボットみたいに「ゲンキ・ニ・シテ・マスカ・コチラハ・ゲンキ・デス」と、途切れ途切れに喋っていた。声で分かった。母だった。

今の人はエレキテルの発明くらいに感じるだろうが、当時はそれがナウ。

うちの仕事場では、もはや存在が危ぶまれている留守番機能付き固定電話機を今も使用している。たまに用件を吹き込んでくるチャレンジャーもいるにはいるが、古い電話のせいかよく聞き取れないことが多い。

「このたび、えーと、もんでのむという新製品を出したもので……プーッ」

この用件は聞き取れないわけじゃなく、意味がサッパリ分からなかった。

それが、今回紹介する『Mon de Normu』。後に分かったことは、オッパイを揉むと予《あらかじ》め中に入れておいた飲みものが乳頭から出てくるという、ラブドールを購入したオリエント工業の新商品であった。それを僕に一台くださるとの用件だった。
どう？　写真を見て、これを言葉で伝えるのはなかなか難しいと思いません？

100 エロ本を切って貼り続け……エロスクラップ

データの時代になって久しいが、僕は今もスクラップブックを月に数冊買っている。文房具屋の奥の棚に並んでいるそれを、あるだけレジに運ぶ。知らぬ者からすればバカ売れと勘違いするかもしれないが、単なる僕のバカ買い。

愛用しているスクラップブックは「コクヨ　ラ－40」という商品。これは僕がスクラップを始めた小学一年生の時、同時期に出たもので、今でもほとんどデザインが変わっていない。最初は雑誌から切り抜いた怪獣写真を貼って三巻作った。そして、小学四年生からは仏像。休みになると地元・京都や奈良のお寺を巡り、パンフレットを手に入れ、それを切り抜いては貼った。中学までに四巻作った。しかし、上京後はエロを中心に貼り続けている。始めた頃はまだ、なかなかエロ写真が入手できず、友達からいらなくなったエロ本を譲り受けたりして素材を集めた。

ようやく小金が稼げるようになってからは各地でエロ本屋巡り。今では一店につき一万円近く買うことがフツーとなった。

雨の日も風の日も雪の日も、元気ない日だって、切って貼ってのエロスクラップ作りを四十五年間も続けてきて、もうすぐ「八〇〇巻」に手が届く。

上は、二〇二三年に所沢市民文化センターで「みうらじゅんFES　マイブームの全貌展」という展覧会を開催した際、会場に設置した本棚に全冊ずらーっと並べてみた写真である。

きっとそれはギネス記録であろうが、ギネスにエロはなしと聞く。

不安なのはこの出版不況だ。

いずれこの世から紙の本自体が消え去ることがあるかもしれない。

その時は、僕もスクラッパーを引退するしかないのである。

みうらじゅん

１９５８年京都市生まれ。武蔵野美術大学在学中に漫画家デビュー。以来、イラストレーター、エッセイスト、ミュージシャンなどとして幅広く活躍。１９９７年、造語「マイブーム」が新語・流行語大賞受賞語に。「ゆるキャラ」の命名者でもある。２００５年、日本映画批評家大賞功労賞受賞。２０１８年、仏教伝道文化賞沼田奨励賞受賞。著書に『アイデン&ティティ』、『マイ仏教』、『見仏記』シリーズ（いとうせいこうとの共著）、『「ない仕事」の作り方』（２０２１年本屋大賞発掘部門「超発掘本！」に選出）など。音楽、映像作品も多数ある。

本書は「夕刊フジ」の連載「みうらじゅん　いやら収集」（２０１６年４月５日〜）より抜粋、大幅に改稿し、書き下ろしを加えてまとめたものです。

デザイン　鶴丈二
ＤＴＰ　エヴリ・シンク

通常《つうじょう》は死《し》ぬ前《まえ》に処分《しょぶん》したいと思《おも》うであろう100のモノ

二〇二四年六月三〇日　第一刷発行

著　者　みうらじゅん
発行者　小田慶郎
発行所　株式会社　文藝春秋
〒一〇二-八〇〇八
東京都千代田区紀尾井町三-二三
電話　〇三-三二六五-一二一一（代）
印刷・製本　萩原印刷

ISBN978-4-16-391865-5
Printed in Japan